新・現代文
レベル別問題集

4

中級編

東進ハイスクール・東進衛星予備校 講師
輿水 淳一
KOSHIMIZU Junichi
西原 剛
NISHIHARA Takeshi

東進ブックス

はじめに

上達は「上手な人のまね」をするところから始まる。しかし「文章を読んで理解する」という営みは、目に見えない。だから、上手な人のまねをすることが難しい。また、自分が上手に読めているのかどうかも、他人と比べられないのでわかりにくい。「ちゃんと文章を読もう」と言われても「ちゃんと読む」とはどういうことかがわからない。本書は、そこにメスを入れることを目指した。文章を読むことの得意な人が無意識的にしていること、文章を読んでいるときや設問を解いているときに考えていることを、できるだけ言語化、視覚化することを企てた。存分にまねてほしい。この本をやり通したとき、以前の自分とは違う自分を発見するはずだ。

著者　輿水淳一

予備校講師として駆け出しの頃、僕は、なるべく単純に、なるべく機械的に答えを導き出せるような「読解マニュアル」作りに励んでいました。数年の歳月を経て一応それらしいものが完成しましたが、同時に「実際、こんなに単純に考えていないよな。何か現実離れしているな」という疑念が生まれていました。文章を読むとき、僕たちは本当にたくさんのことを考え、色々と迷いながら理解を深めていきます。本書では、そういった「頭の中」を示すことにこだわりました。この本には、ある意味「当たり前」のことが書かれていますが、それでも類書にはない新しさがあります。受験現代文を「読む」ということの本道に戻したい。それが著者の願いです。

著者　西原剛

❷ 本書の特長――どの文章にも通用する「揺るぎない読解力」が身につく問題集――

『新・現代文レベル別問題集』最大の特長は、現代文講師として第一線で教鞭を執り続ける二人の講師の「脳内」を、ビジュアルに示したことです。

現代文が「できる」人は、文章を読む際にどんなことを考え、どのように理解しながら読んでいるのか。一文を読んだときの、その瞬間、そこで起こっている思考の過程を、簡潔な文章と図版（イラスト）で、できる限りわかりやすく示しました。自分一人では理解が困難な文章でも、解説を読めば必ず「わかる」ように、「徹底的に」「丁寧に」一つひとつの文章を解き明かしています。

さらに本シリーズは、次の3つの柱を軸に構成されており、入試現代文で高得点を取るために必要な力を、無理なく・無駄なく養うことができる仕組みとなっています。

【本シリーズ3つの柱】

① 現代文の核となる力「読解方略」[1]を、講師が動画でわかりやすく解説。どの文章にも、どの問題にも通用する〝揺るぎない読解力〟を身につけることができます。

② 現代文の学力を伸ばすための「考え方」や「アドバイス」を随所に掲載[2]。ただ問題を解くだけでなく、その先の学習・入試合格までを見据え、現代文で役立つ内容を盛り込みました。

③ 実際の入試で出題された良問を厳選し[3]、レベル別に分けて掲載。自分に最適なレベルから始め、志望校レベルまで、段階的に学力を上げることができます。

文章を「きちんと読む」ことさえできれば、必ず「正解」は導き出せる。そこにこだわり抜いて制作した本シリーズは、現代文を学ぶすべての人々の〝新たな道しるべ〟となるでしょう。

◆**補足説明**

＊1…読解方略とは「文章の意味をきちんと理解しながら読むコツ」のこと。詳細は16～19ページ参照。

＊2…解説編の内容はもちろん、各講の「扉」や問題編巻末の「おすゝめ本一覧」、解説編の「生徒からの質問コーナー」、そして、解説文中で語られる「雑談」など、現代文を楽しく理解しながら学力を上げる工夫を随所に盛り込みました。

＊3…講師が数多くの入試問題から厳選に厳選を重ねて選び抜いた、本当に現代文の力を伸ばすことができる良問のみを掲載しています。

❸ レベル④の特長

レベル④は、標準～やや難レベルの入試問題を題材としています。解答根拠が明確な良問を揃えていますが、一読しただけでは意味をつかめない読み応えのある文章や、「傍線の前後」だけでなく「文章全体の論旨」の把握が必要な問題も含まれており、レベル③よりも一段難しい内容となっています。とはいえ、基本の読み方（＝読解方略）は変わりません。方略という「武器」を手に、入試問題に立ち向かいましょう。

この問題集で紹介している「読解方略（16～19ページ）」は、苦手な人から得意な人まで、すべての人に実践してもらいたい方法論です。どんなレベルでも「やるべきこと」は変わりません。問題集のレベルの違いは、題材となる文章や設問の難しさの違いだと考えてください。

各レベルについて紹介しておきます。

【レベル①】　現代文初学者向けの読みやすい文章を主な題材として、読解の基本を学びます。
【レベル②】　基礎～標準レベルの入試問題を主な題材として、読解の基本を固めます。
【レベル③】　標準レベルの入試問題を主な題材として、実践的な読解力と解答力を身につけます。
【レベル④】　有名私立大学の問題を主な題材として、実践的な読解力と記述力を磨きます。
【レベル⑤】　難関私立大学・上位国公立大学の問題を主な題材として、高度な読解力と記述力を身につけます。
【レベル⑥】　最難関国立大学の問題を主な題材として、高度な読解力と記述力の完成を目指します。

「読解方略」は、何度も何度も反復することで次第に「自分のもの」になっていきます。入試までに時間的な余裕があれば、現代文が得意な人も、レベル①からじっくり取り組むとよいでしょう。

【志望校レベルと本書のレベル対応表】

難易度	偏差値	志望校レベル 国公立大（例）	志望校レベル 私立大（例）	本書のレベル（目安）
難	～67	東京大，京都大	国際基督教大，慶應義塾大，早稲田大	⑥最上級編
	66～63	一橋大，東京外国語大，国際教養大，筑波大，名古屋大，大阪大，北海道大，東北大，神戸大，東京都立大，大阪公立大	上智大，青山学院大，明治大，立教大，中央大，同志社大	⑥最上級編 ⑤上級編
	62～60	お茶の水女子大，横浜国立大，九州大，名古屋市立大，千葉大，京都府立大，奈良女子大，金沢大，信州大，広島大，都留文科大，静岡県立大，奈良県立大	東京理科大，法政大，学習院大，武蔵大，中京大，立命館大，関西大，成蹊大	⑥最上級編 ⑤上級編 ④中級編
	59～57	茨城大，埼玉大，岡山大，熊本大，新潟大，富山大，静岡大，滋賀大，高崎経済大，長野大，山形大，岐阜大，三重大，和歌山大，島根大，香川大，佐賀大，岩手大，群馬大	津田塾大，関西学院大，獨協大，國學院大，成城大，南山大，武蔵野大，京都女子大，駒澤大，専修大，東洋大，日本女子大	⑤上級編 ④中級編 ③標準編
	56～55	〈共通テスト〉，広島市立大，宇都宮大，山口大，徳島大，愛媛大，高知大，長崎大，福井大，新潟県立大，釧路公立大，大分大，鹿児島大，福島大，宮城大，岡山県立大	玉川大，東海大，文教大，立正大，西南学院大，近畿大，東京女子大，日本大，龍谷大，甲南大	④中級編 ③標準編 ②初級編
	54～51	弘前大，秋田大，琉球大，長崎県立大，名桜大，青森公立大，石川県立大，秋田県立大，富山県立大	亜細亜大，大妻女子大，大正大，国士舘大，東京経済大，名城大，武庫川女子大，福岡大，杏林大，白鷗大，京都産業大，創価大，帝京大，神戸学院大，城西大	③標準編 ②初級編 ①超基礎編
	50～	北見工業大，室蘭工業大，公立はこだて未来大	大東文化大，追手門学院大，関東学院大，桃山学院大，九州産業大，拓殖大，摂南大，沖縄国際大，札幌大，共立女子短大，大妻女子短大	②初級編 ①超基礎編
易	-	一般公立高校（中学レベル）	一般私立高校（中学～高校入門レベル）	①超基礎編

※東進主催「共通テスト本番レベル模試」の受験者（志望校合格者）得点データをもとに算出した、主に文系学部（前期）の平均偏差値（目安）です。

●志望校別の使用例

▼**現代文が苦手な人**…必ずレベル①から始め、文章を読むこと・問題を解くことに慣れていきましょう。

▼**第一志望が「明青立法中／関関同立」などの有名私大の人**…現代文を基礎から始めて高得点を取りたい人は、①～⑤までやり切りましょう。基礎が固まっている人は、②～⑤を学習しましょう。

▼**第一志望が「旧七帝大」などの国公立大の人**…共通テストから記述・論述まで対策するため、レベル①～⑥をやり切りましょう。時間がない人は、③～⑥を学習し、あとは過去問演習を徹底しましょう。

❹本書の使い方

【問題編】

問題編*1は〈扉〉・〈問題文〉という構成です。扉につづられた講師のコメントを読み、解答時間を確認してから問題を解きましょう。

〈扉〉
各講の最初のページに「扉」を設けています。出典・出題大学名などが確認できます。内容に興味を持った書籍があったら、ぜひ読んでみてくださいね。

導入コメント
各講のはじめに、本文への興味をかきたてる導入コメントがあります。問題を解く前に読んでみましょう。解説編の扉は、もう一人の講師（＊2）による違う観点からの文章です。

解答時間・目標点
解答時間（制限時間）と目標得点を設けることで、現在の自分の学力を判定できるようになっています。

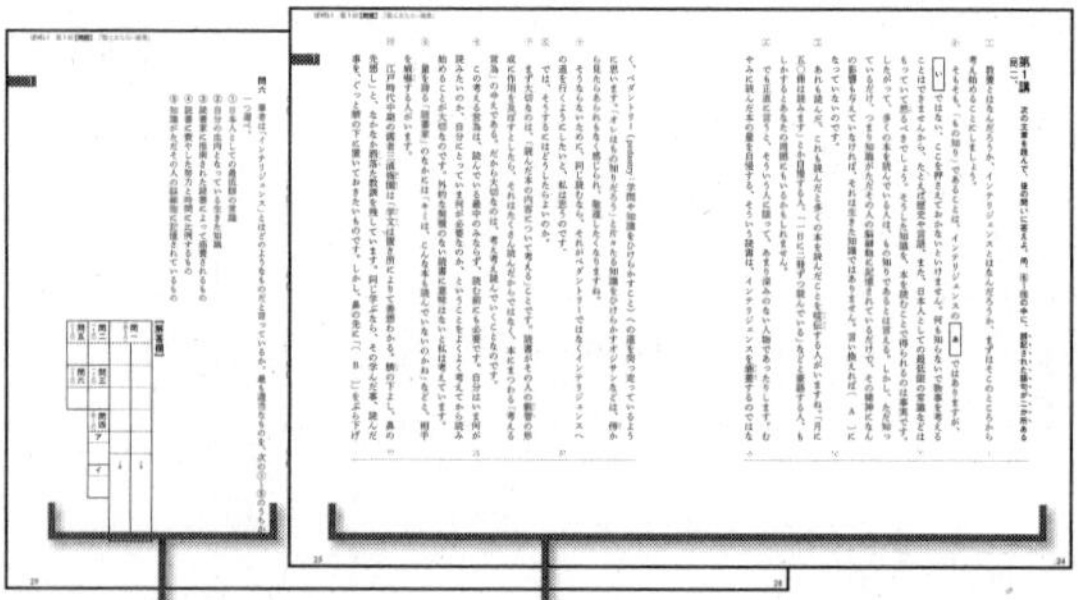

〈問題文〉＊3
リード文（本文に入る前に読むべき部分）がある場合は、しっかり読んでから問題文に入りましょう。

設問・解答欄
問題文に対する設問をしっかり読んで解答しましょう。
解答欄は実際の入試を解くように、解答を書き込んで答案練習ができるようになっています。

◆補足説明

＊1…本シリーズは、見やすさ・使いやすさを追求し、「問題編」と「解説編」を別々の冊子にして1枚のカバーでくるむ製本を採用しました。冊子をきれいに取り出し、別々の冊子として学習することができる仕様になっています。

＊2…扉文章は、
▼「問題編」が輿水先生の場合、「解説編」は西原先生
▼「問題編」が西原先生の場合、「解説編」は輿水先生
が書いています。また、問題編の扉文章を書いている講師が、その問題の解説を担当しています。

＊3…問題文は基本的に過去の大学入試問題から引用していますが、都合により一部改変している場合もあります。

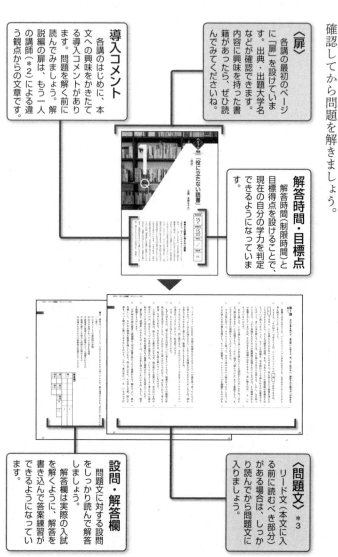

【解説編】

問題を解き終わったら、〈全文解釈〉を読み、講師の思考や理解の仕方を学びましょう。同時に〈解答・解説〉で正解を導き出すまでの過程を確認しましょう。

〈全文解釈〉

問題編の問題文を掲載しています。文中のマーカーや注釈（番号や色）は、下段の「脳内活動・重要語彙」に対応しています。また、本文の横に掲載している黒フキダシには、短い脳内活動を示しています。

※脳内活動マーカーの色は、次の内容を示しています。(詳細は解説編2ページを参照)

- ●青→具体化
- ●赤→追跡
- ●緑→予測
- ●紫→位置づけ
- ●灰→モニタリング
- ●橙→その他

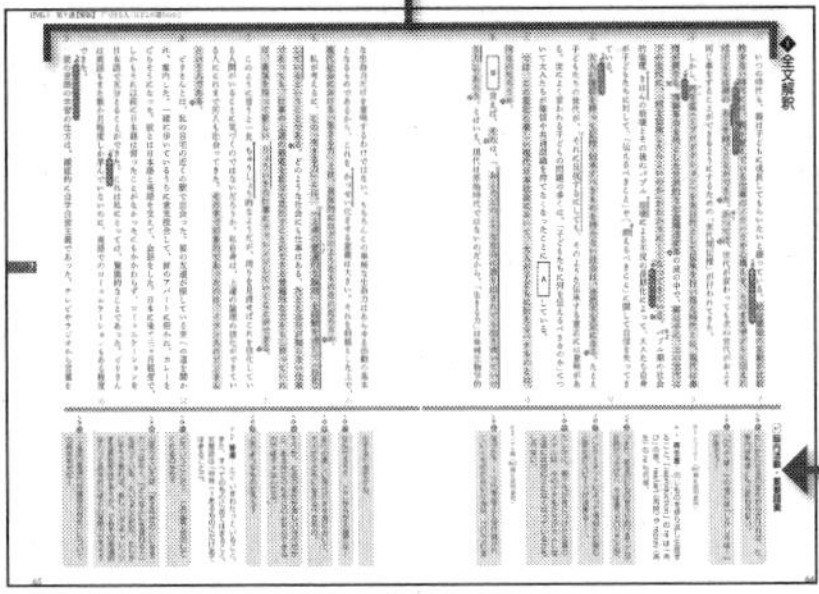

脳内活動・重要語彙＊1

問題文を読んでいるときの講師の思考を、簡潔な文章や図版（イラスト）で示しています。また、重要表現や語彙も解説しています。

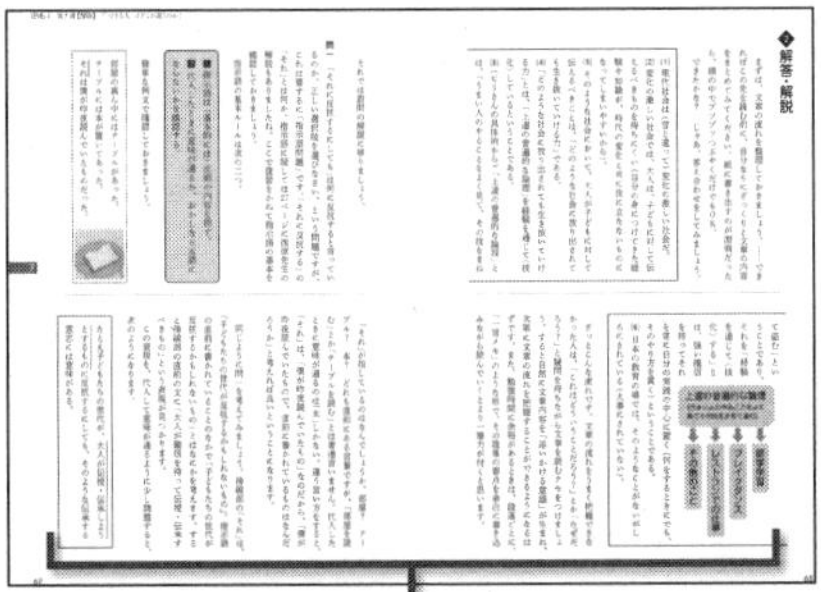

〈解答・解説〉

設問に対する解答と解説です。解説文中には次のような要素があります。＊2

- ●まとめ…解説中の重要部分やまとめを「実線の四角囲み」で示しています。
- ●重要定義…現代文学習で大切なことを「ピンク色背景の囲み」で示しています。
- ●例…「点線の四角囲み」で示しています。
- ●引用…問題文や設問文を引用している部分を「上下の横棒線」で示しています。
- ●雑談…雑談の開始と終わりを紫色の〈＊〉で示しています。

◆補足説明

＊1…脳内活動の色分けはあくまで便宜的なものです。たとえば、「追跡と予測が同時に起こる」というように、それぞれの方略は互いに重なる部分があります。方略を「区別する」ことよりも、(明確に区別できなくてもよいので)「実践する」ことを意識してください。

＊2

▼まとめ

▼重要定義

▼例

▼引用

▼雑談

〈＊〉……□□□□■□□□□■……。〈＊〉

目次

序章

――文章を「読む」とはどういうことなのか――

◆現代文読解への扉

「文章を読んでその意味を理解する」という営みのメカニズムとはどのようなものだろう？　文章とは文字の連なりであり、文字とは紙の上のインクの染みである。「文字」というインクの染みから、「意味」を想起する脳のメカニズムは、実はまだ十分には解明されていない。にもかかわらず、われわれは文字を、文章を、理解することができる。そこで本書が提示するのは、脳の仕組みそのものではなく、文章を理解するときにわれわれ現代文講師が実際に頭の中で行っていること（脳内活動）だ。「読めている人」と「読めていない人」の違いは、文章を読むときの脳内活動の違いにある。序章を読んで理解を深めてほしい。

序章

西原　どうしたんですか、浮かない顔をして。

輿水　実は今日、現代文の授業で生徒たちにある問題をやらせてみたんだけど、解けた人が少なくてさ……。文章をちゃんと読めない生徒がこんなにも多いのかと……。で、これはこのクラスの中だけの問題ではなくて、少し難しい文章になると読めませんっていう人は、きっと日本中にたくさんいて、自国語で書かれた文章をきちんと読めない人がたくさんいるこの国の未来は大丈夫なのかなと思ってしまってさ。

西原　「倍速」「切り抜き」「○○まとめ」があふれている時代ですから、「ちゃんと読む」ことが軽視されているのかもしれませんね。ちなみにどんな問題ですか？

輿水　いわゆる「誤記訂正問題」です。僕は「間違い探し特訓」と言っているけど。「次の文中に、故意に誤記されてそのままだと文意が通らない箇所があります。その箇所を指摘して訂正しなさい」っていうやつ。文章の意味を理解しながら読んでいる人はすぐに誤記された箇所に気付くんだけど、「字面読み」や「飛ばし読み」をしている人は、何度読んでも気付かない。

西原　「字面読み」……。頭に文字や音が流れているだけの表面的な「読み」ですね。たとえば、

「人間の欲望は〈他者〉の欲望である」

という文があったとき、読解が苦手な人は、

「ニンゲンノヨクボウハ……」

という感じで、脳内にただ言葉が流れているだけ。一方、得意な人は、

「他人が欲しがる物を自分も欲しくなるってことかな」とか、「他人の欲望の対象になることを欲望する、つまり、他人の憧れの対象になりたいってことかな」

などと、意味を具体的に考えながら読んでいます。「誤記訂正問題」は、こうした読み方の違いを浮き彫りにしてくれますよね。その問題、解いてみてもよいですか？

輿水　もちろん！　せっかくだから読者の皆さんにも解いてもらおうか。

西原　そうですね。自力で解いてもらって、その後に僕の読み方と比べてほしいですね。

輿水　よし、じゃあ皆さん、用意はいいでしょうか。なるべく「字面読み」にならないように、じっくり読んで答えを出してみてください。

【問題】　次の文中には、本文の趣旨に照らして不適当な漢字二字の熟語が一つある。それをどのように訂正すればよいか。後の①～⑤の中から適当なものを一つ選べ。

　哲学的社会批判の無力を宣告する「哲学の貧困」論は、時代の支配精神になっているように見える。社会の秩序形成を指導するのは哲学的原理ではなく、経済のダイナミズムである――この史的唯物論の公理が大手を振って歩いている。

　いま、政治も、哲学や思想も、経済の侍女であることが一層歴然としてきたかに見える。政治の制度と実践は批判的自律性をもった哲学的・思想的原理に基づいて経済システムを評価し制御するのではなく、カタストロフィックに起こる経済変動の従属変数として指定された役割を適切に果たしうるか否かに応じて淘汰《とうた》され、哲学・思想はこの役割を合理化し、人々に不安やストレスを解消する知恵を提供する。哲学や思想が経済を「変革」する政治の理念を与えるのではなく、独立変数としての経済の変動が政治を、そしてまた哲学・思想を順応的に「変化」させる。大規模な経済変動期には、それに抵抗するための新たな哲学的語彙《い》への需要が高まるから、哲学書の大衆的流行という現象は「哲学の貧困」論の勝利と矛盾しない。

（井上達夫『現代の貧困』）〔早稲田大―社〕

【選択肢】　①蓄積　②敗北　③供給　④順応　⑤有効

輿水　どうかな？　一読してすぐに誤記されている箇所に気が付いた人は、この文章の意味をちゃんと理解して読めていると思う。自信を持っていい。その調子でさらに「読む力」を高めていこう。でも、そうじゃなかった人は、残念ながらこの文章の意味をきちんと理解しながら読めていない。文章をきちんと理解することができなければ、設問も適当にしか解けない。文章を読むというのは、文字を眺めることではなく、意味を理解すること。ただ字面を眺めるだけの「字面読み」から、一刻も早く脱却しよう。

Before（字面読み）

After（意味を理解する読み）

輿水　……あ、西原先生、準備できましたか？　じゃあ西原先生の「脳内活動」（文章を読んでいるときの頭の働かせ

方）を読者の皆さんにも見てもらおう。

西原　頭の中を明かすのは、Netflixの視聴履歴を覗かれるような恥ずかしさがあるのですが、見栄を張っていても仕方がないので、どんどん見せていきましょう。以下、（　）内の　　の部分が、文章を読むときに僕が頭の中で行っていた活動（＝脳内活動）です。

哲学的社会批判の無力を宣告する「哲学の貧困」論は、時代の支配精神になっているように見える（たしかに、「哲学や人文知なんて役に立たない」と思っている人が多いかもしれないな）。社会の秩序形成を指導するのは哲学的原理ではなく、経済のダイナミズムである（経済の理屈が社会をつくる。たとえば、企業にとって都合の良い税制が作られる、とかかな）――この史的唯物論の公理が大手を振って歩いている（この言い方……、筆者は現代の「支配精神」に不満がありそう……）。

いま、政治も、哲学や思想も、経済の侍女（経済が「主人」で、政治、哲学、思想が「侍女」。こんなイメージ→【図1】）であることが一層歴然としてきたかに見える。政治の制度と実践は批判的自律性をもった哲学的・思想的原理に基づいて経済システムを評価し制御する（哲学的・思想的原理に基づく「社会は○○であるべきだ」という価値観によって経済を制御する。こんなイメージ→【図2】）のではなく、カタストロフィックに起こる経済変動の従属変数として指定された役割を適切に果たしうるか否かに応じて淘汰《とうた》され（うーん、ちょっとわかりにくいな。読むスピードを落とそう。「淘汰され」※の主語は「政治の制度と実践は」だよな。「従属変数」は政治が経済に従って変化するさまをたとえているわけだから……、あぁ、つまり、新しい経済状況を正当化

【図1】

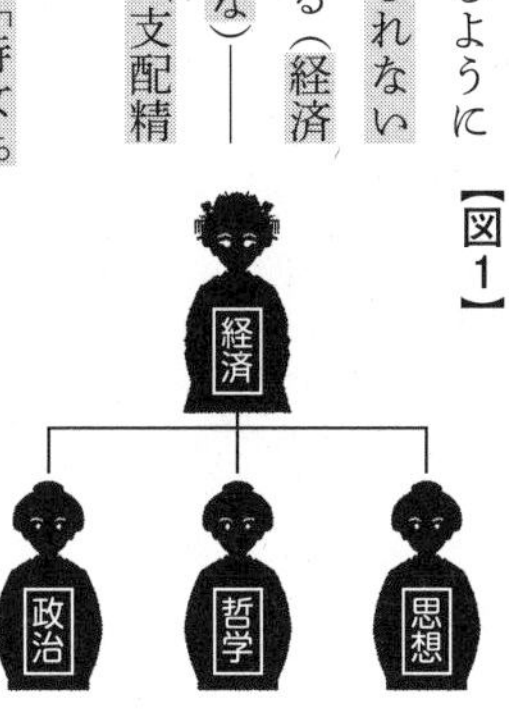

【図2】

するような、経済にとって都合の良い政治制度だけが生き残ってゆくってことか。あくまでも経済が「主人」なんだな）、哲学・思想はこの役割を合理化し、人々に不安やストレスを解消する知恵を提供する（たとえば、資本主義下の哲学は、資本主義に適応して生きる知恵を提供するだけ。現実を乗り越えるような新たな価値観を生み出すわけではない）。哲学や思想が経済を「変革」する政治の理念を与えるのではなく、独立変数としての経済（つまり、経済は「他の何ものにも縛られない」ってことかな）の変動が政治を、そしてまた哲学・思想を順応的に「変化」させる（経済は、政治・哲学・思想を〔自分にとって都合の良いように〕変化させる。経済最強……）。大規模な経済変動期には、それに抵抗するための新たな哲学的語彙《い》への需要が高まる（!! 文章の流れからすると、哲学は経済の「侍女」として「従属」するはずだから、「抵抗する」はおかしいな。「従属」に近い言葉を選択肢から探して……④「順応」だな！）から、哲学書の大衆的流行という現象は「哲学の貧困」論の勝利と矛盾しない。

（注）※…厳密には主部（主語の働きをする連分節）。

輿水　さすが！　正解は④「**順応**」です。

皆さん、西原先生の「脳内活動」を読んでどう思いましたか？　もちろん、読んでいるときの頭の働かせ方（＝「脳内活動」）は人それぞれで、十人いれば十通りの「脳内活動」があるはずだから、いま西原先生の示した読み方と全く同じ読み方を皆さんがしなければならないというわけではない。でも、読み方の方針や姿勢なんかは、まねできるところがあったと思う。

西原　そうですね。ごく単純なことですが、「いろいろと考えながら読んでいる」ということをわかってほしいですね。

輿水　文章の内容理解を促進する読み方を、認知心理学や教育心理学では「読解方略」と言いますが、この問題集では、大学受験現代文に必要な知識や解き方に加えて、そうした「読解方略」を皆さんに伝えたいと思っています。そしてしっかり身につけてもらいたい。

西原　「読めている人」が半ば無意識に行っている「読解方略」を言語化しているのが、この問題集の特色ですね。

輿水　従来の現代文の指導は、「接続詞に印をつける」とか「文末表現に着目する」といった、目に見える外形的な部分の指導に偏っていた部分があったように思う。それも大事だけれども、同時に、目に見えない「脳内活動」の改善も、より良く読むためには必要だ。人それぞれ異なる読み方の個性を「読体《どくたい》」と言うけれども、これは「文体」と違って目に見えないから修正するのが難しい。そこでわれわれが提示する**「脳内活動」を参考にして、自分の読み方のクセを自覚し、より文章内容を理解できる読み方へと少しずつ変えていってほしい**なと思います。

西原　そうですね。僕自身、駆け出しの頃には表面的な「受験テクニック」のようなものの開発（？）に励んだことがありますが、結局、**「正しく読めていないと設問は解けない」**という当たり前の現実にたどりつきました。読者の皆さんには、はじめから正攻法を選んでもらいたいです。

……あれ、輿水先生、表情が明るくなってきましたよ。

輿水　そういえば日本の未来を憂いていたのに、いつのまにか熱弁をふるってしまっていたな。暑苦しいのは顔だけにしなくては……。でも、まあとにかく、僕はこの問題集が、受験生、ひいては日本の未来に、大きく貢献すると信じています。

西原　熱い。トークと顔の暑苦しさは輿水先生の魅力ですね。

それでは、次のページから「読解方略一覧」を示します。ＱＲコードで読み取れる解説動画もぜひ視聴して、理解を深めてくださいね。

輿水　「基本の読解方略」と「その他の読解方略」、両方合わせるとずいぶんたくさんあるように見えるかもしれない。だけど、焦らずに一つずつできることを増やしていこう。まずは意識できるようになった項目に☑を付けていく。そして☑を増やしつつ、徐々にそれらを無意識的に使いこなせるようにしていこう。

◆基本の読解方略（1〜5）

1 具体化
（具体的に理解しながら読む）

A 言い換え
（わかりやすく言い換える）

人間の感覚は、主観性の檻に閉じ込められている。
僕の感覚は僕だけのもの

B イメージ
（視覚的なイメージを浮かべる）

AはBの土台だ。
B
A

C リンク
（文章を自分とリンクさせる）

子どもは、家庭か学校かという世界の狭さゆえに、空気を読むことに過剰な労力を費やしてしまうのである。
中学生の頃学校の外の世界なんて ほとんどなかったもんな
たしかにクラスメイトに嫌われないように気を遣っていた気がする

2 追跡
（疑問を持ちながら読む）

?
!
どういうこと？
そういうことか！

動画視聴はここから！

解説動画

3 予測
（話の方向を予測しながら読む）

4 位置づけ
（全体の中に位置づけながら読む）

5 モニタリング
（自分の理解度を確認しながら読む）

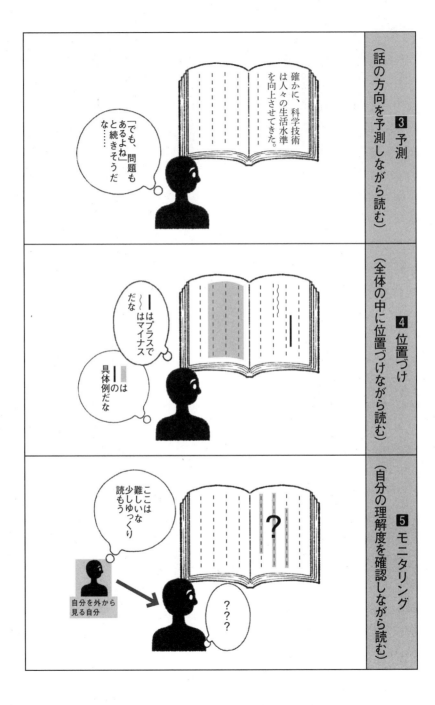

◆その他の読解方略

【一文の理解】

□**文の骨格を把握する**（主語《S》—述語《V》）・（主語《S》—目的語《O》—述語《V》）

□**修飾—被修飾の関係を把握する**

□**指示語の指示内容を把握する**

【関係の理解】

□**対比関係を把握する**（下図参照）

①何かと何かの比較（共時的な対比）例 文学と科学、日本と西洋、子どもと大人 など

②昔と今の比較（通時的な対比）例 近代と現代、前近代と近代、かつての社会と高度情報化社会 など

③一般論と筆者の意見の比較（意見の対比）

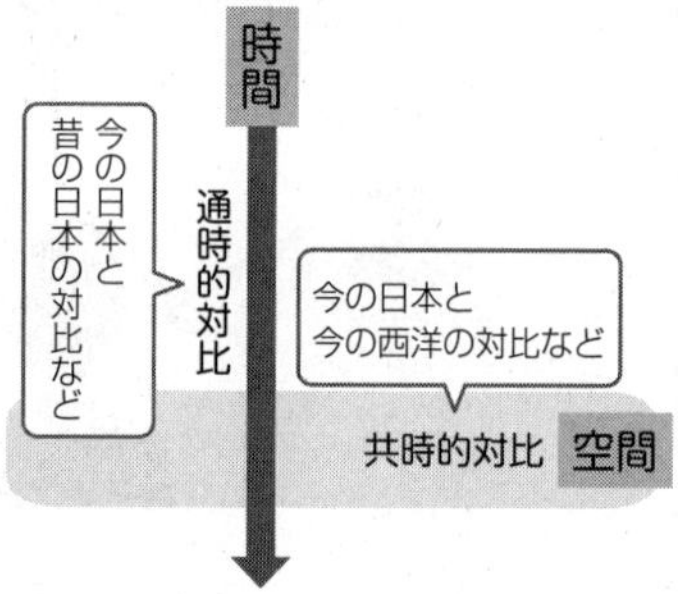

□**プラス／マイナスを識別する**（主張／比較対象、肯定的側面／否定的側面の識別）→波線と直線の二種類の傍線で引き分ける など

□**因果関係を把握する**（原因と結果の関係を把握する）→時間的には原因が先で結果が後、認識的には結果が先で原因が後

□**同格関係を把握する**（言い換えや繰り返しを把握する）

□**抽象と具体を識別する**→具体例を適切に処理する

①どこからどこまでが具体例かを把握する（範囲の画定）

②何のための具体例かを把握する（抽象化）…抽象論は具体例の直前または直後に述べられている

□**引用文の意義**→引用文の前後に注意して「何のための引用か」、「筆者にとっての『敵』か『味方』か」を把握する

【注目すべき表現】

□**逆接の接続詞**→話の方向が変わるので注意。特に文章内で最初に出てくる逆接、段落冒頭の逆接、一般論の後の逆接は要注意

□**一般論・常識・自明のこと・「神話」（根拠もないのに広く人々に信じられている話）**→多くの場合、筆者によって否定される

□**否定—肯定構文**（AではなくB）→誤解を取り除く説明の仕方（皆さんAだと思うでしょ、実は違います、Bなんです）

例 愛とは互いに向き合うことではなく、共に同じ方向を向くことだ。同類の構文「AだけでなくBも／BであってAではない／AよりB」

□**譲歩構文**（たしかにAしかしB）→読者に歩み寄る説得の仕方（あなたの立場〈A〉からでも、私と同じ意見〈B〉にたどりつきますよ）

例 たしかに現代詩は難しい。しかし、難しいからこそ面白い。同類の構文「なるほど・もちろん・無論 A 逆接表現 B」

□**数詞《すうし》・列挙**（第一に・もう一つは・まず・次に・二重の関係・三大要因・三つの特徴 など）→筆者が列挙しようとしている事柄を把握する

□**定義付けの表現**（〜とは・〜の本質は）→定義を把握するとともに、後に続く定義の説明や具体例で、定義の内容を理解する

□**疑問表現**（いつ・どこ・誰・なぜ・どのように・〜か など）→答えを探しながら読んでいく

□**まとめ語**（このように・つまり・すなわち・結局のところ、要するに など）→後ろに「まとめ」が来る。「まとめ」は大事

□**強調表現**（重要なのは〜・大事なことは〜・根本的には〜・実は〜・〜すべき・〜する必要がある・〜が不可欠だ など）

□**助詞の「は」**→対比を意識して読む　例 子どもは〜（子どもと大人の対比を疑う）、結婚するまでは良かった（結婚後は……）

□**助詞の「も」**→同類を意識して読む　例 日本語も〜（外国語と日本語の共通点を意識する）

□**比喩表現**→比喩表現は共通項を考える　例 彼のほっぺはりんごのようだ（りんごとほっぺの共通項＝「赤い」）

□**注意喚起のかぎ括弧《かっこ》**（「普通とは違う意味で使ってるから注意してね」のかぎ括弧）　例「―有権者は、みんなの前で、この候補を支持する場合には白い投票箱に、反対するなら黒い投票箱に投票することを強制されたのです。支持するかしないか一目瞭然となるこの方法は、とても自由投票とは呼べないものでした。この「選挙」で選ばれた「人民委員会」を母体として―」（『そうだったのか！現代史』池上彰）→かぎ括弧つきの「選挙」とすることで、〈とても選挙とはいえないような選挙〉というニュアンスになる

□**「〜化」**→相対化、抽象化など、「〜化」は、すべて何かしらの変化を表す　例 知性のジャングル化 ≒ 知性の変化

【文学的文章における注意点】

□**無駄な表現はない**→すべての表現には意味があると思って読む（だからといってすべての表現の意味を理解する必要はない）

□**象徴表現**→その作品内でのみ特別な深い意味を持つ表現に着目する

□**具体的に情景をイメージしながら読む**→文字を映像化する意識。セリフであれば、どんなふうに話しているかを想像する。ただし、いつでも情景をイメージできるわけではない。イメージや映像化を拒む表現もありうる

□**書かれていることから書かれていないことを読み取る**→自然な想像力までも殺してはいけない。しかしあくまでも、書かれていることに基づく

□**三種類の心情描写**

①心情語（悲しかった、嬉しかった などの直接的に心情を表す表現）

②行動・しぐさ・セリフ（「それを聞いて彼は険しい表情を浮かべた」「店主はテーブルを強く叩いた」などの間接的に心情を表す表現）

③情景描写（「いつの間にか雨はやんで、雲の切れ間から青い空が見えた」などの間接的に心情を表す表現）

□**変化の把握**→心情の変化、場面の変化、状況の変化、行動の変化などに注意して読む（何から何へ変化したのかを把握する）

□**変化の理由を押さえる**→特に登場人物の心情が変化した場合、なぜ変化したのか、その理由を把握する

輿水　本書が目指すのは皆さんの読み方の「改革」である。次の①の段階からスタートして③の段階を目指すイメージだ。

①無意識的に「字面読み」をしてしまっている段階

⬅

②読解方略を取り入れて意識的に「意味を理解する読み」を訓練する段階

⬅

③量をこなすことで無意識的に「意味を理解する読み」を実践する段階

本書でのトレーニング、そして巻末の「おすゝめ本一覧」を利用した読書を通じて、「現代文が得意な人が無意識的にやっていること」＝「読解方略」を自分のものにしてほしい。そしてぜひとも「現代文が得意な人」の仲間入りを果たしてほしい。

西原　再び、トーク（と顔）が熱を帯びてきましたね。僕たちは普段何気なく歩いたり走ったりしていますが、１００メートル走のタイムを上げようと思えば、まずは「正しい走り方」を意識的に取り入れ、無意識のうちにその走り方ができるようになるまで、何度も何度も走り込むはずです。そうした正攻法を「文章読解」においても提示したい。そんな想いを形にしたのがこのシリーズです。授業と違って一人ひとりの顔は見えませんが、読解力を上げようと本気で取り組む受験生に、こちらも本気で向き合っています。『読む』ってこういうことなんだ！」という感覚を、一人でも多くの人に味わってもらいたい。そんな願いを込めて書きました……あれ、そんなガラじゃないのに、僕も少し熱くなってきたかもしれない。輿水先生の熱にやられたかな。

輿水　熱力学の第二法則だね。熱エネルギーは高い方から低い方へと流れる。われわれの熱が少しでも皆さんに伝わることを願います。それでは、はじめましょう。

第1講

問題
Question

『意識は実在しない』

（河野哲也）

〔出題：早稲田大（改題）〕

解答時間	目標得点	学習日	解答頁
20分	35/50点	／	P.3

◆THE 入試現代文

入試現代文の世界には、多くの問題集や予備校テキストに採録される〝人気の文章〟というものがある。第1講で扱う『意識は実在しない』もその一つ。「機械論的自然観」「還元主義」「物心二元論」といった入試現代文頻出の言葉が溢《あふ》れていて、〝授業で扱いたくなる〟文章だ。第1講に限った話ではないが、自分で解き、解説を熟読した後に、もう一度本文を読み返してほしい。この作業によって、頭で理解した「読み方」「知識」を自分の身体に落とし込むことができる。くどいようだが、この講で学ぶ内容は今後の入試でも必ず問われる。心して取り組んでもらいたい。それではまず、自分で解くところからはじめよう。（西原）

第1講　次の文章を読んで、後の問いに答えよ。

1　人類が全体として取り組まなければならない大問題はいくつもある。戦争、宗教と文化の対立、貧困。そして、環境問題もそのひとつである。

2　二〇一一年三月に起きた東北関東地方での大地震で私たちは、地震と津波に打ちのめされると同時に、原子力発電の危険性をあまりに強烈な形で思い知らされた。この大災害には、人災の要素がもちろん存在し、長期的に私たちが環境とどのようにつきあっていくべきなのか、エネルギー問題のみならず、自然と社会のあり方が抜本的に問われている。私たちは、環境問題に関する後戻りできない地点として、この度の大地震の記憶を深く心に刻むであろう。

3　環境問題は、汚染による生態系の劣悪化、生物種の［A］、資源の［B］、廃棄物の［C］などの形であらわれている。その原因は、自然の回復力と維持力を超えた人間による自然資源の搾取にある。環境問題の改善には、思想的・イデオロギー的な対立と国益の衝突を超えて、国際的な政治合意を形成して問題に対処していく必要がある。

4　しかしながら、環境問題をより深いレベルで捉え、私たちの現在の自然観・世界観を見直す必要性もある。というのも、自然の搾取を推進したその理論的・思想的背景は近代科学の自然観にあると考えられるからだ。もちろん、自然の搾取は人間社会のトータルな活動から生まれたものであり、環境問題の原因のすべてを近代科学に押しつけることはできない。

5　しかしながら、近代科学が、自然を使用するに当たって強力な推進力を私たちに与えてきたことは間違いない。

1

その推進力とは、ただ単に近代科学がテクノロジーを発展させ、人間の欲求を追求するための効果的な手段と道具を与えたというだけではない（テクノロジーとは、科学的知識に支えられた技術のことを言う）。それだけではなく、近代科学の自然観そのものの中に、生態系の維持と保護に相反する発想が含まれていたと考えられるのである。

6 近代科学とは、一七世紀にガリレオやデカルトたちによって開始され、次いでニュートンをもって確立された科学を指している。近代科学が現代科学の基礎となっていることは言うまでもない。近代科学の自然観には、中世までの自然観と比較して、いくつかの重要な特徴がある。

7 第一の特徴は、機械論的自然観である。中世までは自然の中には、ある種の目的や意志が宿っていると考えられていたが、近代科学は、自然からそれら精神性を剥奪し、定められた法則どおりに動くだけの死せる機械とみなすようになった。

8 第二に、原子論的な還元主義である。自然はすべて微小な粒子とそれに外から課される自然法則からできており、それら原子と法則だけが自然の真の姿であると考えられるようになった。

9 ここから第三の特徴として、物心二元論が生じてくる。二元論によれば、身体器官によって捉えられる知覚の世界は、主観の世界である。自然に本来、実在しているのは、色も味も臭いもない原子以下の微粒子だけである。知覚において光が瞬間に到達するように見えたり、地球が不動に思えたりするのは、主観的に見られているからである。自然の感性的な性格は、自然本来の内在的な性質ではなく、自然をそのように感受し認識する主体の側にある。つまり、心あるいは脳が生み出した性質なのだ。

10 真に実在するのは物理学が描き出す世界であり、そこからの物理的な刺激作用は、脳内の推論、記憶、連合、類推などの働きによって、秩序ある経験へと構成される。つまり、知覚世界は心ないし脳の中に生じた一種のイメージや表象にすぎない。物理学的世界は、人間的な意味に欠けた無情の世界である。

11 それに対して、知覚世界は、「使いやすい机」「嫌いな犬」「美しい樹木」「愛すべき人間」などの意味や価値のある日常物に満ちている。しかしこれは、主観が対象にそのように意味づけたからである。こうして、物理学が記述する自然の客観的な真の姿と、私たちの主観的表象とは、質的にも、存在の身分としても、まったく異質のものとみなされる。

12 これが二元論的な認識論である。そこでは、感性によって捉えられる自然の意味や価値は主体によって与えられるとされる。いわば、自然賛美の叙情詩を作る詩人は、いまや人間の精神の素晴らしさを讃える自己賛美を口にしなければならなくなったのである。こうした物心二元論は、物理と心理、身体と心、客観と主観、自然と人間、野生と文化、事実と規範といった言葉の対によって表現されながら、私たちの生活に深く広く浸透している。日本における理系と文系といった学問の区別もそのひとつである。二元論は、［D］を作り出してしまう。

13 二元論によれば、自然は、何の個性もない粒子が反復的に法則に従っているだけの存在となる。こうした宇宙に完全に欠落しているのは、ある特定の場所や物がもっているはずの個性である。時間的にも空間的にも極微にまで切り詰められた自然は、場所と歴史としての特殊性を奪われる。近代的自然科学に含まれる自然観は、自然を分解して利用する道をこれまでないほどに推進した。最終的に原子の構造を砕いて核分裂のエネルギーを取り出すようになる。自然を分解して（知的に言えば、分析をして）、材料として他の場所で利用する。近代科学の自然に対する知的・実践的態度は、自然をかみ砕いて栄養として摂取することに比較できる。

14 近代科学が明らかにしていった自然法則は、自然を改変し操作する強力なテクノロジーとして応用されていった。しかも自然が機械にすぎず、その意味や価値はすべて人間が与えるものにすぎないのならば、自然を徹底的に利用することに躊躇を覚える必要はない。本当に大切なのは、ただ［ E ］だけだからだ。こうした態度の積み重ねが現在の環境問題を生んだ。

15 だが実は、この自然に対するスタンスは、人間にもあてはめられてきた。むしろその逆に、歴史的に見れば、人間に対する態度が自然に対するスタンスに反映したのかもしれない。(1)近代の人間観は原子論的であり、近代的な自然観と同型である。近代社会は、個人を伝統的共同体の桎梏《しっこく》から脱出させ、それまでの地域性や歴史性から自由な主体として約束した。つまり、人間個人から特殊な諸特徴を取り除き、原子のように単独の存在として遊離させ、規則や法に従ってはたらく存在として捉えるのだ。こうした個人概念は、たしかに近代的な個人の自由をもたらし、人権の概念を準備した。

16 しかし、近代社会に出現した自由で解放された個人は、同時に、ある意味でアイデンティティを失った根無し草であり、誰とも区別のつかない個性を喪失しがちな存在である。そうした誰とも交換可能な、個性のない個人（政治哲学の文脈では「負荷なき個人」と呼ばれる）を基礎として形成された政治理論についても、現在、さまざまな立場から批判が集まっている。物理学の素粒子のように相互に区別できない個人観は、その人のもつ具体的な特徴、歴史的背景、文化的・社会的アイデンティティ、特殊な諸条件を排除することでなりたっている。

17 だが、そのようなものとして人間を扱うことは、本当に公平で平等なことなのだろうか。いや、それ以前に、近代社会が想定する誰でもない個人は、本当は誰でもないのではなく、どこかで標準的な人間像を規定してはいないだろうか。そこでは、標準的でない人々のニーズは、社会の基本的制度から密かに排除され、不利な立場に追い込まれていないだろうか。実際、マイノリティに属する市民、例えば、女性、少数民族、同性愛者、障害者、少数派の宗教を信仰する人たちのアイデンティティやニーズは、周辺化されて、軽視されてきた。個々人の個性と歴史性を無視した考え方は、ある人が自分の潜在能力を十全に発揮して生きるために要する個別のニーズに応えられない。

18 (2)近代科学が自然環境にもたらす問題と、これらの従来の原子論的な個人概念から生じる政治的・社会的問題とは同型であり、並行していることを確認してほしい。

19 自然の話に戻れば、分解して個性をなくして利用するという近代科学の方式によって破壊されるのは、F であることは見やすい話である。自然を分解不可能な粒子と自然法則の観点のみで捉えるならば、自然は利用可能なエネルギー以上のものではないことになる。そうであれば、自然を破壊することなど原理的にありえないことになってしまうはずだ。

20 しかし、そのようにして分解的に捉えられた自然は、生物の住める自然ではない。自然を原子のような部分に還元しようとする思考法は、さまざまな生物が住んでおり、生物の存在が欠かせない自然の一部ともなっている生態系を無視してきた。

21 生態系は、そうした自然観によっては捉えられない全体論的存在である。生態系の内部の無機・有機の構成体は、循環的に相互作用しながら、長い時間をかけて個性ある生態系を形成する。エコロジーは博物学を前身としているが、博物学とはまさしく「自然史（ナチュラル・ヒストリー）」である。ひとつの生態系は独特の時間性と個性を形成する。そして、そこに棲息する動植物はそれぞれの仕方で適応し、まわりの環境を改造しながら、個性的な生態を営んでいる。自然に対してつねに分解的・分析的な態度をとれば、生態系の個性、歴史性、場所性は見逃されてしまうだろう。これが、環境問題の根底にある近代の二元論的自然観（かつ二元論的人間観・社会観）の弊害なのである。自然破壊によって人間も動物も住めなくなった場所は、そのような考え方がもたらした悲劇的帰結である。

（河野哲也『意識は実在しない』による）

1

問一　空欄 A ・ B ・ C に入る語として、最も適切なものを、次の①〜⑤の中から一つずつ選び、解答欄にマークせよ。

A　①滅亡　②荒廃　③稀少　④減少　⑤収奪

B　①稀少　②荒廃　③累積　④枯渇　⑤濫用

C　①収奪　②処理　③濫用　④累積　⑤汚染

問二　空欄 D に入る語句として、最も適切なものを、次の①〜⑤の中から一つ選び、解答欄にマークせよ。

①価値ある存在と非存在の価値
②没価値の存在と存在する価値
③没価値の存在と非存在の価値
④存在する価値と価値ある存在
⑤没価値の存在と無意味の存在

問三　空欄 E に入る語句として、最も適切なものを、次の①〜⑤の中から一つ選び、解答欄にマークせよ。

①客観性、実在　②まわりの環境、自然　③自然の法則、人間
④テクノロジー、機械　⑤人間の主観、心

問四　傍線部(1)「近代の人間観」とあるが、筆者はそれがどのような事態を引き起こしたと述べているか。その説明として適切でないものを、次の①〜⑤の中から一つ選び、解答欄にマークせよ。

① 人々が各自の欲求にしたがって生きるようになり、共通の法や秩序を各自の都合のよいように解釈するようになった。
② 人々がそれぞれにもっている特性を、大多数の人がもっている考え方や生き方に合わせるようになった。
③ 人々が、自分の属する集団や地域にとってどのような役割を果たしていくべきかを見出しにくくなった。
④ 人々がそれぞれにもっている多様な個性を、標準的なものとそうでないものとにわける見方を生み出した。
⑤ 人々を集団の中の伝統的な役割から解き放ち、仕事や生き方を各自が自由に選ぶことができるようになった。

問五 傍線部(2)「近代科学が…同型であり、並行している」とあるが、どういうことか。その説明として最も適切なものを、次の①～⑤の中から一つ選び、解答欄にマークせよ。

① 原子論的な自然観が、生物同士の細かい特徴や個別性を意識するような態度を生んだように、原子論的な人間観は、自分が他者と異なることに絶えず不安を感じるような社会を生み出した。
② 原子論的な自然観が、自然を分解したり改変したりする態度を生み出したように、原子論的な人間観は、人間の身体や器官を人工的に直したり、交換したりするような社会を生み出した。
③ 原子論的な自然観が、目的や意思をもたないものとして自然を扱う態度を生んだように、原子論的な人間観は、人間が共通してもっている思想や意思を抑圧する社会を生み出した。
④ 原子論的な自然観が、自然の予測や計算が可能であるという態度を生んだように、原子論的な人間観は、人間の行動を予測し、ごく少数の人の欲求にまで対応する社会を生み出した。
⑤ 原子論的な自然観が、生物の固有性や生物同士の関係を軽視する態度を生んだように、原子論的な人間観は、人々の個別の経験や欲求を軽視するような社会を生み出した。

1

問六　空欄 F に入る三文字の言葉を本文中より抜き出し、解答欄に記せ。

問七　本文全体の趣旨に合致するものを、次の①〜⑤の中から一つ選び、解答欄にマークせよ。

① 環境問題は人類が全体として取り組まなくてはいけない問題であるため、その改善には、国や地域が、各々の思想的立場に固執することなく、国際的な政治合意の形成のために努力する必要がある。

② 近代科学は、自然を利用し、環境を変えていく強力なテクノロジーを私たちにもたらしてきたが、科学は中立なものではありえず、大きな災害を招くことがあるため、科学者は一定の倫理的規範に従う必要がある。

③ 今日の環境問題は、本来は個性豊かな全体論的存在である自然を、微粒子と法則からなる没価値の客観的実在として自然を捉え、人間の都合で利用し続けた近代的自然観に根本的な原因がある。

④ 私たちが自然に感じる「美しさ」などの価値は、人間が主観的に生み出したものにすぎず、現代の環境問題に正面から取り組むには、そうした主観を排した客観的で科学的なアプローチが必要である。

⑤ 近代社会は個人を伝統的共同体のしがらみから解放し、自由な主体として生きることを可能にしたが、個々の人間から特殊性を剝奪し、人々を他者と交換可能な均質な存在として扱うことになった。

設問		解答欄 1	2	3	4	5	6	7	8	9	配点
問一	A	①	②	③	④	⑤	⑥	⑦	⑧	⑨	(3点)
	B	①	②	③	④	⑤	⑥	⑦	⑧	⑨	(3点)
	C	①	②	③	④	⑤	⑥	⑦	⑧	⑨	(3点)
問二		①	②	③	④	⑤	⑥	⑦	⑧	⑨	(9点)
問三		①	②	③	④	⑤	⑥	⑦	⑧	⑨	(6点)
問四		①	②	③	④	⑤	⑥	⑦	⑧	⑨	(5点)
問五		①	②	③	④	⑤	⑥	⑦	⑧	⑨	(7点)
問七		①	②	③	④	⑤	⑥	⑦	⑧	⑨	(9点)

【解答欄】

問六（5点）

第2講

問題
Question

『数学する身体』

（森田真生）

〔出題：中央大（改題）〕

解答時間
25分
目標得点
35 / 50点
学習日
／
解答頁
P.17

◆数学と身体

かつて、人気お笑い芸人の「漢字」のネタに「一、二、三……の次が四はおかしいよ！（どうして四本線じゃないんだよ！）」というものがあった。しかしこの性質は漢字に限ったものではないようだ。ローマ数字（Ⅰ・Ⅱ・Ⅲ……Ⅳ）でも同じことがいえるし、楔《くさび》形文字や古代インド文字でも似たようなことが起こるらしい。なぜ急に「4」から形が変わるのか。森田真生によると「人間の認知能力の限界のために、同じ記号が四個や五個並んでいることを、正確に把握すること自体が一苦労だから」（『数学する身体』）である。数学を支える数字のあり方は、人間の身体の構造と密接に結びついている。数学と身体は切り離せない。（西原）

第2講　次の文章を読んで、後の問いに答えよ。

1 生物が体験しているのは、その生物とは独立な客観的「環境（Umgebung）」ではなく、生物が行為と知覚の連関として自らつくりあげた「環世界（Umwelt）」である。生物を機械的な客体とみなす行動主義が(1)リュウセイを極めた時代に、生物を一つの主体とみなしてこのように論じたのはドイツの生物学者フォン・ユクスキュル（一八六四〜一九四四）だ。

2 その著書『生物から見た世界』の冒頭で、ユクスキュルはマダニの環世界を描写している。マダニにとって生物学的に意味を持つのは、周囲からやってくる膨大な情報のうち、ごく一部分だけである。交尾を終えた雌のマダニは灌木《かんぼく》の枝先で動物を待つ。そこに哺乳類の皮膚から(2)ブンピツされる酪酸《らくさん》の匂いが漂ってくると、一か八かで身を投げる。無事(3)エモノの上に着地すると、今度は嗅覚の代わりに熱をたよりに動き出す。なるべく毛のない温かな場所を探し、そこで動物の皮膚の中へと潜り込むのだ。

3 酪酸の匂い、動物の皮膚の感触と温度、そしてこれらの刺激に(4)クドウされてのいくつかの単純な行為。これがマダニの環世界のすべてである。それ以外の環境の膨大な情報や行為の可能性は、マダニにとっては無意味であるどころか、そもそも存在しないも同然だ。

4 『生物から見た世界』の終盤に「魔術的環世界」と題された章がある。その冒頭に、ある少女の話が登場する。

5 その少女はマッチ箱とマッチで、お菓子の家やヘンゼルとグレーテルと魔女の話をしながら一人で静かに遊んでいる。すると突然、「魔女なんかどこかへ連れていっちゃって！　こんなこわい顔もう見ていられない」と叫び出す。この話を紹介しながらユクスキュルは「少なくともこの少女の環世界には悪い魔女がありありと現れていたのだ」とコメントしている。

6 この少女の環世界には明らかに、彼女の想像力が介入している。ダニの比較的単純な環世界とは違い、彼女の環世界は外的刺激に帰着できない要素を持っている。それをユクスキュルは「魔術的環世界」と呼んだ。

7 この「魔術的環世界」こそ、人が経験する「風景」である。

8 人はみな、「風景」の中を生きている。それは、客観的な環境世界についての正確な視覚像ではなくて、進化を通して獲得された知覚と行為の連関をベースに、知識や想像力といった「主体にしかアクセスできない」要素が混入しながら立ち上がる実感である。何を知っているか、どのように世界を理解しているか、あるいは何を想像しているかが、風景の現れ方を左右する。

9 「風景」は、どこかから与えられるものではなくて、絶えずその時、その場に生成するものなのだ。環世界が長い進化の来歴の中に成り立つものであるのと同様に、風景もまた、その人の背負う生物としての来歴と、その人生の時間の蓄積の中で、環境世界と協調しながら生み出されていくものである。

10 そうして私たちは、いつでも魔術化された世界の中を生きている。いや、(5)絶えず世界を魔術化しながら生きている、と言った方が正確だろうか。

11 生き物は、ただ生きているだけで、次々と困難に出会う。まったく想定外の、想像もしない新たな課題にぶつかることもある。そんなときにも生物は、自分の手持ちの道具と身体で、何とかやりくりをしてきた。

12 指を使って数えるのもそうである。指はもともと、モノを摑《つか》むために使われてきたのであって、数えるための器官ではない。実際、人間の長い進化の来歴の中で、「数える」必要に迫られることはごく最近までなかっただろう。だからこそ、いざその必要に迫られたときには、それまでモノを摑むために使っていた指を「転用」するほかなかったのだ。あくまでその場凌《しの》ぎの方法だから、これにもしわよせがある。

13 普通に指を使って数えると、十までしか数えることができない。だから、「十」が数えるときの単位として定着した。無限にある数の中で、「十」が特別扱いされなければならない数学的な理由など、どこにもないのにである。

14 実際、コンピュータの中で数字は、二進法で表現される。何と言っても、二つの記号だけですべての数を表せるのが魅力である。その点、二進法は十進法よりもはるかにエレガントだが、(6)世界中の大部分の人は十進法を使う。

15 道具というのは、無闇に作れるものではないのである。それが効果的に機能するためには、人間の身体に寄り添う必要がある。はさみの持ち手は、指が通りやすく力が伝わりやすいように、人間の身体の特殊な条件にうまく適合すべく作られる。そうして道具は、大なり小なり、使用者である人間の姿を、その構造の中に反映していくのだ。

16 数学で使われる様々な道具にも、よく見ると人間が映り込んでいる。たとえば「数直線」という概念がある。0を中心として一直線上に、右に向かって正の数、左に向かって負の数が順番に並ぶという、数の世界の幾何学的な描像である。

17 離散的な数と、連続的な直線を一つに融合してしまうのだから、考えてみれば大胆な発想だ。そもそも「数」と幾何学的な「位置」は、概念としては別物である。それを一緒くたにしてしまうのだ。

18 こんな大胆さにもかかわらず、ちゃんと教えれば小学生でも数直線を理解できる。それはなぜかと言えば、数と直線を結びつけてしまう衝動が、初めから人間の中にあるからである。人間の脳の中では、数と位置とが極めて近しい関係にある。だからこそ、数字の世界を直線として想像することが自然に感じられるのだ。

19 ところで、私は脳科学的な知見を引くことで、すべてを脳の話に還元するつもりは毫《ごう》もない。私たちの経験している世界のすべてが、脳によって生み出されていると考えるのは誤りだろう。脳は私たちが経験する世界の唯一の原因ではない。

20 そもそも脳の第一の働きは、生きるための有効な行為を生み出すことにある。その最も大切な仕事は、効果的な行為を生成するために、環境世界と身体を仲介することだ。そうして生み出される様々な行為の繰り返しがまた、逆に少しずつ私たちの脳を形作っていく。脳は、［(7)］。その脳だけを環境世界や身体的な行為の文脈から切り離し、そこにだけ特権的な地位を与えるのが賢明とは思えない。くどいようだが、私が強調したいのは、次の点である。

21 数学的思考は、あらゆる思考がそうであるように、身体や社会、さらには生物としての進化の来歴といった、大きな時空間の広がりを舞台として生起する。脳内を見ていても、あるいは肉体の中だけを見ていても、そこに数学はないのだ。

22 「わかる」という経験は、脳の中、あるいは肉体の内よりもはるかに広い場所で生起する。にもかかわらず、自然科学が理性をことさらに強調して、心的過程のすべてを脳内の物質現象に還元しようとすることで「人の心は狭い所に閉じ込められてしまっている」。※岡潔は、このように嘆いた。

23 この身体、この感情、この意欲といえば本来はすむところを人はなぜか、自分のこの身体、自分のこの感情、自分のこの意欲と言わずにはいられない。ところが数学を通して何かを本当にわかろうとするときには、「自分の」という意識が障害になる。むしろ「自分の」という限定を消すことこそが、本当に何かを「わかる」ための条件ですらある。

24 「わかる」という経験の本来の深さを直截《ちょくせつ》に示す例として、岡潔はしばしば「他《ひと》の悲しみがわかる」ことについて書いている。

25 他の悲しみがわかるということは、他の悲しみの情に自分も染まることである。悲しくない自分が悲しい誰かの気持ちを推し量り、「理解」するのではない。本当に他の悲しみがわかるということは、自分もすっかり悲しくなることである。「他の」悲しみ、「自分の」悲しみという限定を超えて、端的な「この悲しみ」になりきることだ。「理で解る」のではなく、情がそれと同化してしまうことである。

26 私たちは本来、生まれつき他者と共感する強い能力を持っている。一九九六年にイタリアのジャコモ・リゾラッティらがサルの実験で「ミラーニューロン」を発見して話題を呼んだ。サルがたとえば何かものを持ち上げる動作をすると、それに伴って脳の一部分が活動をする。ところが驚くべきことに、その同じ脳の部位の一部分が、他のサルが何かを持ち上げる動作を見ているだけでも活動するのだ。自分が運動をしているときだけでなく、他者の運動を見ているときにも、その運動をさも自分がしているかのように脳が活動するのである。このように、他者の運動を模倣（mirror）する機構が脳の中にあることを、彼らは明らかにした。

27 ミラーニューロンに関連して、ラマチャンドランという脳科学者が大変興味深い実験を遂行した。ミラーニューロンは実は、他者の運動だけでなく、他者の「痛み」をも模倣する。たとえば、目の前の人の手が金槌《かなづち》で思い切り叩かれるところを見たら、こちらまで思わず手を引っ込めてしまうだろう。目の前の人の「痛い！」という感覚を、見ているこちら側のミラーニューロンがコピーしてしまうからだ。それで思わずこちらも手を引っ込める。が、もちろん、本当に痛いわけではない。

28 ラマチャンドランはここに着目した。ミラーニューロンは、他者の運動や感覚を模倣する。他人が痛がっているときに、自分が痛いときに活動する脳の部位の一部分が発火している。ならばなぜ、こちらは本当に痛くならないのだろうか。

29 ラマチャンドランは、手の皮膚や関節にある受容体から「私は触れられていない」という無効信号が出て、ミラーニューロンからの信号が意識にのぼるのを阻止しているのではないか、と推測し、アイディアを検証するためにハンフリーという、湾岸戦争で片腕を失った幻肢《げんし》患者に協力を依頼した。

30 幻肢患者は一般に、腕がないにもかかわらず、まだそこに腕があるという幻想を抱いている。ハンフリーの場合は戦争で腕を失っていたのに、顔を触れられるたびに、失った手の感覚を感じていた。

31 ラマチャンドランはそんなハンフリーに、ジュリーという別の学生を見てもらいながら、ジュリーの手をなでたり叩いたりしてみせた。すると、ハンフリーは驚いた様子で、ジュリーの手がされていることを(8)自分の幻肢に感じる、と叫んだ。

32 ラマチャンドランの予想通りの結果だった。

33 ラマチャンドラン自身が「獲得性過共感」と名付けたこの現象は、幻肢患者でなくても、健常者の腕に麻酔を打つだけでも再現できることがわかった。麻酔によって、皮膚からの感覚入力を(9)シャダンすると、誰もが文字通り、目の前の人と痛みを共有してしまうようになる。

34 「あなたの意識と別のだれかの意識をへだてている唯一のものは、あなたの皮膚かもしれないのだ！」とラマチャンドランは印象的な言葉でこの実験の報告を締めくくっている。

35 この実験は、私たちの心がいかに他者と通い合い、共感しやすいものであるかをまざまざと示している。脳の中に閉じ込められた心があって、それが環境に漏れ出すのではなくて、むしろ身体、環境を横断する大きな心がまずあって、それが後から仮想的に「小さな私」へと限定されていくと考えるべきなのではないだろうか。

（森田真生『数学する身体』による）

（注）※岡潔…数学者（一九〇一〜一九七八）。

2

問一　傍線⑴⑵⑶⑷⑼のカタカナを漢字に改めなさい。（楷書で正確に書くこと）

問二　傍線⑸「絶えず世界を魔術化しながら生きている」とあるが、その説明としてもっとも適当なものを左の中から選び、符号で答えなさい。

①世界を自分の都合に合わせて解釈し、外的刺激までも自分の想像力の産物と思い込みながら生きている。
②他の動物とは異なる、進化の過程で獲得した人類固有の知覚によって世界を作り変えながら生きている。
③知識とか想像力といったその人しか持てないものを現実の世界の中に投影させながら生きている。
④自らの想像力を働かせて、現実の世界と空想的な別の世界のふたつを内面に共存させながら生きている。
⑤知識や想像力を用いて、客観的世界には実在しない不気味な存在を作り出しながら生きている。

問三　傍線⑹「世界中の大部分の人は十進法を使う」とあるが、その理由としてもっとも適当なものを左の中から選び、符号で答えなさい。

①十進法が広がっていたため、世界の人々と商売などで交流するときにもっとも容易だったから。
②特別な根拠はなかったものの、十進法が数学の世界で使われて学問的に広がっていったから。
③計算には十本の指を使うのが便利なので、十進法を使うことで数学の進歩が容易になったから。
④十進法は他の計算方法と同様に偶然の産物だが、文明が進歩した地域で使用されていたから。
⑤身体を使って数を扱う人間にとって、十進法がたまたま運用上、もっとも都合がよかったから。

問四　空欄⑺に入れるのにもっとも適当なものを左の中から選び、符号で答えなさい。

①人が生きている上で経験したことを蓄積する器官であるとともに、新たな世界を創造する器官でもある

② 人が経験する世界の一つの原因であるとともに、人が様々に世界を経験してきたことの帰結でもある
③ 適切な身体行為の選択を行う働きをもつとともに、環境世界に絶えず働きかけを行う器官でもある
④ 個々人に備わるものであると共に、人類の進化という大きな時空間の広がりの中で発達してきたものである
⑤ 生きるための有効な行為を生み出し、環境世界を作りかえていく、自律的に作動するシステムである

問五 傍線⑻「自分の幻肢に感じる」とあるが、その原因としてもっとも適当なものを左の中から選び、符号で答えなさい。

① ハンフリーのミラーニューロンが正常に作用しなかったため、無効信号が伝達されなかったため。
② ハンフリーのミラーニューロンは正常に作動したが、腕がないので無効信号が強力に働いたため。
③ ハンフリーのミラーニューロンが無効信号のために正常な作動を妨げられてしまったため。
④ ハンフリーのミラーニューロンが無効信号よりも強力に作用したため、信号が作動しなくなったため。
⑤ ハンフリーのミラーニューロンは正常に活性化されたが、それを打ち消す無効信号がなかったため。

問六 筆者は数学という学問をどのようなものと考えているのか、「数学」、「身体」、「脳」、「社会」という語句をすべて用いて五十字以内で書きなさい。(句読点、かっこ等の記述記号も字数に数える)

問七 次の文①〜⑤のうち、本文の趣旨と合致しているものに対してはA、合致していないものに対してはBの符号で答えなさい。

① 「マダニ」が生きる世界は「環世界」と呼ぶべき独自の世界であり、人間が生きる客観的な実在世界とは異なる。
② 数と位置を結びつける「数直線」という発想を無理なく受け入れられることには、人間の身体構造が関係して

いる。

③人間は新たな課題に直面した際に手持ちの道具や身体で対応したため、課題の真の解決が遅れてしまった。

④人間の身体の特殊な条件に適合するように作られているという点においては、はさみも十進法も同じである。

⑤身体や環境を横断する大きな心が自己に限定されていくことによって、われわれは、他者に共感することができる。

【解答欄】

問一（各1点）
(1)
(2)
(3)
(4)
(9)

問二（6点）

問三（5点）

問四（7点）

問五（5点）

問六（12点）

問七（各2点）
①
②
③
④
⑤

第3講

問題
Question

『新・建築入門』（隈研吾）

〔出題：中央大（改題）〕

解答時間	目標得点	学習日	解答頁
25分	35／50点	／	P.31

◆建築とは何か

著者の隈研吾《くまけんご》は、日本を代表する建築家の一人で、東京2020オリンピックのメイン会場となった新国立競技場の設計者としても知られている。彼のコンセプトの一つに「負ける建築」があるが、これは、巨大さや構造的な強さを誇示する建築ではなく、周囲の自然や風景と調和した柔らかな建築のことである。第1講では、自然を改変・操作し、徹底的に利用しようとする「近代科学の自然観」を扱ったが、隈の建築観はそれとは対極に位置するものだ。「建築」には時代の価値観が表れる。やや長い文章だが、最後まで粘り強く論旨を追いかけてもらいたい。（西原）

第3講　次の文章を読んで、後の問いに答えよ。

1　物質

[1] 建築とは何かという問いは、困難な問いである。ドラッグと電子テクノロジーの出現によって、「すべてが建築」である状況が出現して以来、この問いは以前にも増して、一層困難なものとなった。

[2] 「すべてが建築」となってしまう以前には、「建築とは物質的な構築である」という定義が可能であった。物質化されていること、すなわちフィジカルであるということを、建築にとってほとんど決定的な要件とみなすことが可能であった。しかし「すべてが建築」であるという状況が出現し、物質的なものと非物質的なものが等価であるという状態が出現することによって、物質は建築にとってもはや決定的な要件ではありえなくなった。物質の特権性は失われたのである。物質が特権性を失った時に建築に何が残されているだろうか。「物質的な構築である」という定義から物質が取り除かれた結果、構築だけが残った。それゆえに人々の関心は構築自体へと向かい、構築そのものの是非が、そして(ア)コウザイが問われはじめたと考えてもいい。

[3] そして構築とは主体と一体になった概念であった。すなわち構築には特定の主語がある。主体が構築するのであり、しかも意志をもって、構築するのである。主体がないところに構築はない。一方建築という言葉は、必ずしも主語を必要としない。この言葉は主体の存在を曖昧《あいまい》にする。主体がなくても建築というものが存在するような錯覚を人々に与える。しかし、実際には主体がないところに、建築はあったためしはないのである。構築という言葉は、建築における主体の存在を明らかにする。そして建築を構築と言い換えることで、「すべてが建築である」状態へと拡散してしまった建築を、再び収束することも可能である。すなわち主体によって構築されるもの

が建築であり、それ以外のものは建築ではないと。

4

2 シェルター

建築を構築と言い換えることによって、「建築とはシェルターである」という伝統的な建築の定義の限界も明らかにされる。シェルターはいたる所に存在している。自然に作られた洞窟《どうくつ》もシェルターであるし、一本の木もシェルターである。そして目の前にある雨、風を防ぐものだけをシェルターと呼ぶ必要はない。この地球全体もわれわれにとってひとつのシェルターであって、このシェルターのおかげでわれわれは生存している。「建築とはシェルターである」という定義を敷衍していけば、われわれは再び「すべては建築である」という袋小路《ふくろこうじ》におちいってしまう。すべてがシェルターであり、すべてが建築であるという拡散したカオス※1から建築を救い出すのは、またしても構築という概念である。シェルターが建築なのではなくて、構築されたシェルターが、建築なのである。(A)シェルターという網をもってしては、われわれはこの途方もない大海から、建築という魚を捕えることはできない。

5

3 空間

しかし、建築は構築であるという定義、あるいは言い換えも、また完全なものとは思われない。美術と建築の違いは何か。その問題をつきつめていった時、たちまちにしてこの定義の不備が明らかになる。あるものを正確に定義しようと思ったなら、そのものだけを注視していてはいけない。隣接するもの、隣接する概念の定義を参照し、比較することによって、はじめてわれわれは対象の座標を確認し、そのものの(イ)リンカクと特質とを見きわめる可能性がひらける。美術は建築に隣接し、その差異と同一性は絶えず問題とされてきた。

6 ロサンゼルスを本拠にしてカツ(ウ)ヤクし、現代美術という領域と最も近接した表現をもつ建築作品を作ることで知られているフランク・ゲーリー※2は、かつて建築と美術の違いは何かという質問に対して、次のように答えた。「簡単なことです。建築には窓があり、美術には窓がない」。ゲーリーは彼一流のひどくラフでフランクな語り口を装ってはいるが、この定義は決してラフでも曖昧でもない。「窓がある」という表現は、「建築には内部空間がある」という記述以上に(エ)センサイであり、正確でもある。内部空間という単語は具体的で科学的であるように聞こえるが、実際のところはひどく曖昧な言葉である。

7 ある人は、屋根があればその下は内部空間であるというし、またある人は、壁やガラスによって外部の空気と仕切られた空間を内部空間と呼ぶ。では壁に穴があいていて外部の空気が流れこんでくるような部屋は、内部なのか外部なのか。このように定義が曖昧化するのは、内部空間という言葉が基本的にシェルターという概念から派生したものであるところに原因がある。内部とはシェルターの内部という意味であり、すべてがシェルターであるという状況のもとでは、すべてが内部空間とならざるを得ない。［B］という牧歌的な状況のもとでは、シェルターとはきわめて明確でリンカクのはっきりした概念であり、内部と外部もまたきわめて強い対照性を保っていた。しかし主体のまわりがほとんどすべて人為的な環境で満たされつつある今日的な状況のもとでは、シェルターという概念は具体性を喪失し、内部と外部の間にはられていた対照性もまた消滅しつつある。すべてはシェルターであり、そしてすべては内部なのである。

8 ゲーリーはそのような状況を踏まえた上で、(C)内部という言葉を使わずに窓という言葉を使ったと考えられる。窓は単に内部と外部を仕切る建築的な道具だてではない。窓は主体が対象を見るための孔《あな》であり、そして窓はリバーシブル（反転可能）である。すなわち窓があるということは、建物の外部から建物の内部を見ることができるだけではなく、建築の内部からも建築の外部を見ることができるということを意味する。主体は建築の外部から建築という対象をひとつの客体として見ることができると同時に、建築の内部にはいりこんでそこから外部を客体として見ることもできるわけである。ここで内部、外部の別は問題ではないし、内部、外部という単語を用いたこと自体がそもそも不適切であったかもしれない。主体と客体の反転可能性にこそ着目すべきなのである。そしてこの反転可能性こそが、建築を建築たらしめているとゲーリーは考えたのである。

9 絵画において、主体と客体の関係は基本的に固定されている。そして絵画における主体は固定されながら、しかも二重性を内蔵している。製作者は自らの作品を鑑賞する主体であり、かつ鑑賞しながら製作する主体でもある。この製作スタイルが、主体の二重性を生み出している。鑑賞者と製作者という本来別個の存在であるにもかかわらず、二つの主体が一つに重合して、絵画という客体に対して正対する、すなわち正面から向かいあう。その正面性が固定されているわけである。

10 彫刻においても、主体の二重性は保存されている。しかし絵画と異なり、主体は客体と必ずしも正対しない。正面から向きあわない。主体は客体の周囲を自由に転回しながら製作し、かつ鑑賞する。しかし、主体は移動し転回はするが、主体と客体が反転するということはない。

11 彫刻という客体の中にもし主体がはいりこめて、彫刻の中から外の世界をのぞきみることができるならば、それはすでに建築である。ゲーリーはこのように考えを進めて、窓があるものを建築と定義したのではないかと、想像できる。

12 しかしゲーリーの定義は、絵画や彫刻との差異を強調するあまりに、建築を限定しすぎたきらいがある。実際には窓がない建築というものはいくらでも存在する。彫刻の中にはいりこめなくても、建築は成立する。すなわち主体と客体の反転がなくても、建築は成立する。たとえば一枚の絵画という客体の前に主体が存在しているだけで、そこにはすでに建築が存在している。客体はもちろん絵画や彫刻でなくてもいい。一個の石っころの前に主体が存在しているだけで、建築は成立する。それを建築とはいえないまでも、少なくともそこに空間は成立している。ここで肝心なのは客体の前に主体が存在していること、すなわち客体と主体が対になって存在しているということである。対になっているとは、その対の外部にもうひとつの主体があって、そのもうひとつの主体がその対を、その関係を認識しているということである。主体と客体という関係があるとき、そこには空間が成立している。言い換えれば空間とは主体と客体との関係である。このように空間を定義すれば、絵画も空間であり、彫刻も空間である。この定義は絵画、彫刻、建築の境界を曖昧にするかもしれないが、逆に絵画、彫刻、建築を、同一のフレームの中で論議する視点を提供する。

13 絵画における主体・客体関係の内部から見れば絵画とはひとつの客体にすぎないが、その主体・客体関係の外部から見れば、絵画もまたひとつの空間である。関係を外部から見ればすべては空間である。そして内部からのまなざしによっても絵画を生み出すことはできるが、外部からのまなざしを獲得しない限り、建築を作ることはできない。すなわちすべてを空間として把握する外部的なまなざしがない限り、建築を作ることはできない。そして空間とは世界のあらゆる事象を統合する可能性をもった概念である。関係があれば空間があるのだから、物質と非物質の差を問う必要はない。美術と建築の差を問う必要もない。建築と哲学の差を問う必要さえない。新しい時代の建築を語るのに、空間ほど適した概念はないだろう。

14 しかし、はっきりしておかなければならないのは、空間と建築は決してドウ(オ)ギではないということである。空間をいくら語っていても建築には到達することはできない。そこには決定的な断絶がある。その断絶とはすなわち何かを構築しようとする、主体の意志である。

15 まなざしの位置が高く、遠ければ、自動的にそこに空間が発生する。しかし建築とは自動的に生み出されるものではない。そこには意志の存在が不可欠である。建築とは確かに空間的なものであるが、空間そのものではない。建築を空間としてみることは建築の幅を拡げ、建築と他の領域を結びつけてはくれるが、逆に建築が構築であり、意志の産物であるということを人々に忘れさせる。建築とは空間的な構築である。構築の本質を問わないでは、いくらまなざしを高く、遠く設定しても、永遠に建築にたどりつくことはできない。

（隈研吾『新・建築入門』による）

（注）※１　カオス…混沌《こんとん》。
※２　フランク・ゲーリー…一九二九年カナダ生まれの建築家。

問一　傍線部(ア)～(オ)の漢字と同じ漢字を含むものを、次の各群の①～④のうちから、それぞれ一つずつ選べ。

(ア)　コウザイ
①　コウカ的な対策を行う
②　コウセキを讃えられる
③　コウエン会を聞きに行く
④　コウケン度が低い

(イ)　リンカク
①　リンリ的問題に触れる
②　リンジ国会を開く
③　リンカン学校に行く
④　シャリンが壊れる

(ウ)　カツヤク
①　ヤッキとなって説明する
②　センタク機を買う
③　月ヨウビにゴミを出す
④　山岳地帯をトウハする

(エ)　センサイ
①　職業にキセンは無い
②　シンセンな野菜を買う
③　センイ質が含まれる
④　ショホウセンを貰う

(オ)　ドウギ
①　ギセイ者を悼む
②　ギリ人情を重んじる
③　自然をギジン化する
④　ギロンが白熱する

問二　傍線部(A)「シェルターという網をもってしては、われわれはこの途方もない大海から、建築という魚を捕えることはできない」とあるが、この説明としてもっとも適当なものを、次の①～⑤のうちから一つ選べ。

①　シェルターという語が特権性を失った環境では、物質・非物質の概念を厳密に規定し直さない限り「すべてが

建築」という行止りを打破できないということ。

②「すべてが建築」という建築の定義不可能性は、地球という巨大なシェルターの中にあって構築という概念のためさらに助長されてしまっているということ。

③すべてはシェルターであるとみなされる現在では、建築は隣接する芸術領域との同一性に回収され「すべてが建築」の状態を脱出できないでいるということ。

④「すべてが建築」という曖昧な現状を打開して建築の再定義を図るためには、シェルターという伝統的な概念を用いるだけでは非常な困難を伴うということ。

⑤主体による構築という概念によらなければ、「すべてが建築」という混沌状態を打開しシェルターを建築としてふたたび意義付けることはできないということ。

問三　空欄(B)に入れるのにもっとも適当なものを、次の①〜⑤のうちから一つ選べ。

①人為的な構築物が周囲の自然のために脅かされ侵食されつつあった

②人為的な構築物が周囲の自然に対して占める比率が圧倒的に小さい

③人為的な構築物が周囲の自然へ溶け込んで調和・均整がとれている

④人為的な構築物が周囲の自然を取り込む度合いが現代に比べ大きい

⑤人為的な構築物が周囲の自然から鮮やかに装飾される関係にあった

問四　傍線部(C)「内部という言葉を使わずに窓という言葉を使ったと考えられる」とあるが、筆者がそう考えた理由としてもっとも適当なものを次の①〜⑤のうちから一つ選べ。

① 内部と外部の対照性が曖昧な時代にあって、窓という語の比喩《ひゆ》的意味が建築の内部と外部の区切りを明確にし内部空間を再構築するから。
② 内部空間の思考が意義を失い全てが内部とみなされる現状では、窓の概念が含む主体と客体の反転可能性が建築の定義として有効だから。
③ 内部という語が全ての構築物を建築とみなすのに対し、窓とは外部と内部に重合の関係を構築することを可能にする建築的な暗喩だから。
④ 内部空間という語が実質的に意味を無くした状況にあって、主体と客体とを対照化させ得る手立てとして窓という言葉が有効となるから。
⑤ 内部と外部の反転が顕著な現状のなか、窓という発想は主体と客体とによって成る空間をさらにその外部から見ることを可能にするから。

問五 この文章の内容に合致しているものを、次の①～⑤のうちから一つ選べ。

① 空間という概念は建築を他の領域と結びつけるので、この思考をさしはさむことによってはじめて、建築の本質は構築であることが人々に理解される。
② 絵画にも主客の反転可能性があるので、外部と内部の往還に建築の本質を見る立場は、絵画と建築の差異の問題を解決できない。
③ 「建築は構築である」という定義は、建築を空間全般から区別するのに有効だが、美術と建築の差異を考える時には不備を露呈する。
④ 「建築とはシェルターである」という定義をおしすすめると、「すべては建築である」ということになり、空間が持つ大きな可能性に思い至る。

⑤ 建築は主体・客体の関係においても成立するが、絵画は主体と客体の関係をその外部から捉《とら》えることが成立の重要な要素である。

問六　二重傍線部「ドラッグと電子テクノロジーの出現によって、『すべてが建築』である状況が出現」に関連して、筆者は本文とは別の箇所で二つの写真を提示している（左の【図Ⅰ】【図Ⅱ】はそれらの写真を基に作成したもの。また、図の下の解説は筆者の記述に基づいて作成したものである）。【図Ⅰ】【図Ⅱ】を踏まえた場合、「すべては建築」とはどのような意味だと考えられるか。もっとも適当なものを、次の①～⑤のうちから一つ選べ。

【図Ⅰ】
ノンフィジカル・エンヴァイラメンタル・コントロール・キット

▲ 建築家ハンス・ホラインは、患者の閉所恐怖症を改善する薬を「建築」作品として発表した。

【図Ⅱ】
透視ヘルメット（携帯用居間）

▲ 建築家ワルター・ピッヒラーは、内部にディスプレイを搭載したヘルメットを「建築」作品として発表した。これは装着することで実際に居る場所とは異なる体験を得られる装置であった。

① 主体をとり囲む環境は、すべて建築と呼びうる。すなわちフィジカルな環境もヴァーチャルな環境も主体にとっては等価であり、それらの間に根本的な差異は存在しない。

② 主体をとり囲む物理的実体は、すべて建築と呼びうる。閉所恐怖症の薬もディスプレイを搭載したヘルメットも、物理的実体であるという点で建築と言える。

③ 構築主体が存在すれば、すべて建築と呼びうる。物理的空間であれ仮想空間であれ、それらを生み出した主体が存在する点では共通しており、両者に大きな違いはない。

④ 人々の環境認識を高めるものは、すべて建築と呼びうる。環境とは主体の感覚によって生成される主観的構成物のことであり、物質か非物質かという差異は大きな問題ではない。

⑤ 現実の世界を覆っているものは、すべて建築と呼びうる。薬や電子テクノロジーが社会に普及している以上、それらによって構成される環境も、すべて建築と言える。

【解答欄】

問一（各2点）	(ア)
	(イ)
	(ウ)
	(エ)
	(オ)
問二（8点）	
問三（8点）	
問四（8点）	
問五（8点）	
問六（8点）	

『歴史とはなにか』

（岡田英弘）

〔出題：実践女子大（改題）〕

解答時間	目標得点	学習日	解答頁
25分	35／50点	／	P.45

◆歴史の定義

「社会」「自然」「都市」「世間」……。日常生活で何気なく使っている言葉ほど、いざ意味を聞かれると答えづらい。小学生の頃から学んできた「歴史」もその一つ。「本能寺の変」「大政奉還」は歴史上の出来事ではあるが、「歴史そのもの」ではないだろう。歴史論でいささか使い古された言い回しに〈歴史（history）とは主観的な物語（story）である〉というものがあるが、歴史を物語として捉えるとしても、そこには常に厄介な問題がつきまとう。第3講では建築の定義を考えた。定義を考えることは、ときに事柄への新たな認識を呼び醒ます。「歴史」とはなにか。筆者と共に考えよう。（西原）

第4講　次の文章を読んで、後の問いに答えよ。

1 歴史とはなにか。

2 「歴史」と言われると、われわれはだれしも、なにか、わかったという気がする。歴史は過去にあった事実だ、と考えるのがふつうだ。しかし、そう考えておしまいにしないで、もう一歩踏みこんで、それでは「過去にあった事実」というものの正体は、いったいなにか、と考えてみる。そうすると、これがなかなか簡単には決まらない。人によって意見や立場が違うので、過去の事実はこうだった、いや、そうではなかったと、言い争いになりやすい。

3 [Ⅰ]、なにが歴史かということは、なにを歴史として認識するかということなのだ。歴史が手で触って見られるようなものだったら、歴史について、いろいろ異なった意見や論争は起こらないはずだ。

4 なにが歴史かということが、なぜ、なかなか簡単に決まらないか、その理由を考えてみる。理由はいくつもある。いちばん根本的な理由は、歴史が、[(ア)]という、その性質だ。

5 空間は、われわれが体を使って経験できるものだ。両手両足を伸ばしてカバーできる範囲の空間は知れたものだけれども、二本の足を使って歩いて移動すれば、もっと遠くまでカバーできる。行ってみて確かめることができる。

6 [Ⅱ]、時間ではそうはいかない。むかしの時間にちょっと行って、見て、またもどってくるということはできない。空間と時間はここが違う。この違いが、歴史というものの性質を決める、根本的な要素だ。

7 「むかしはこうだった」と思う、主張するということは、それを語る個人の体験に基づいている。空間と時間が共通なところで起こった事件についても、それを語る人が、どういう生(a)ガイを送ってきたかによって、まったく違った認識を持つ。こうした食い違いは、われわれの身辺でも、日常的に起こることで、まったく同じ時代について「あれはいい時代だった」と言う人もいるし、「あれは真っ暗な悪い時代だった」と言う人もいる。

8 このことは、語り手の個人的な事情による、単なる受け取りかたの違いということで、見のがされがちだけれども、実は歴史について、なにか重大なことを暗示している。個人の経験だけに頼って、その内側で歴史を語ろうとしても、それは歴史にならない。歴史には、どうやら「個人の体験できる範囲を超えたものを語る」という性質があるようだ。

9 [Ⅲ]、私の考えかたに従って歴史を定(b)ギしてみると、

「歴史とは、人間の住む世界を、時間と空間の両方の軸に沿って、それも一個人が直接体験できる範囲を超えた尺度で、把握し、解釈し、理解し、説明し、叙述する営みのことである」

（岡田英弘『世界史の誕生』ちくま文庫、三二頁）

10 ということになる。ここでは、「一個人が直接体験できる範囲を超え」るということがだいじだ。そうでなければ、歴史をほかの人と語り合う意味がなくなる。つまり、歴史の本質は認識で、それも個人の範囲を超えた認識であるということだ。

11 つぎにだいじなことは、歴史は人間の住む世界にかかわるものだ、ということだ。人間のいないところには、歴史はありえない。「人類の発生以前の地球の歴史」とか、「銀河系ができるまでの宇宙の歴史」とかいうのは、地球

や宇宙を人間になぞらえて、人間ならば歴史に当たるだろうというものを、比(c)ユとして「歴史」と呼んでいるだけで、こういうものは、本来は歴史ではない。

12 歴史を考えると、すぐにぶつかる問題がある。それは、時間をどうやって認識するか、という問題だ。空間のほうは、視覚を通してかなりの程度カバーできるから、問題はすくないが、時間のほうは、直接認識することは、人間にはできない。

〔 A 〕

13 これは、われわれが日常経験することだけれども、このあいだ、なにかがあった、ということは覚えていても、それが二日まえのことだったのか、三日まえのことだったのか、一週間まえのことだったのか、一カ月まえのことだったのか、あるいは去年のことだったのか、そういうことになると、きわめて(d)バク然とした記憶しかないのがふつうだ。

〔 B 〕

14 これはなぜかというと、［ (イ) ］という、時間の本質から来ている。時間というと、なにかわかったような気がしても、実はつかまえどころがないのが時間だ。どれぐらいの時間が経過したかという、時間の長さを直接はかる基準がそもそもない。人間の感覚には、もともと時間をはかる機能はそなわっていない。だから時間を認識するためには、ただ一つしか方法はない。それは、空間を一定の速度で運動している物体を見て、その進んだ距離を時間の長さに置きかえる方法である。だいたい「時間の長さ」ということば自体が、時間を空間に置きかえた表現だ。

〔 C 〕

15 その、時間を空間に置きかえるやりかたとして一番いいのは、なにか周期運動をしている物体を利用する。たとえば、われわれが腕につけている腕時計だ。腕時計の針が一回りする時間の長さはいつも同じだと仮定して、それで時間を区切って、目盛りの代わりにする。その長さが同じかどうかは、われわれには実証する方法はないけれども、同じだと考えることにしているわけだ。

16 腕時計の針の運動の原型は、天体の運動である。地球が自分の軸のまわりで一回自転する空間のなかの運動を「一日」として、その間に地球が運動する距離の長さを時間の長さに置きかえて、時間の基本の単位にするというところから、時間の測定がはじまった。さらに、月が地球のまわりを回る公転一回転を「一月」と呼んで、これを一日より長い時間の目盛りとする。さらに、地球が太陽のまわりを回る公転一回転を「一年」と呼んで、これを一月より長い時間の目盛りとする。世界じゅうの人類は、だいたいこの三つの単位を使って時間に目盛りをつけ、時間の長さをはかってきた。地球の自転、月の公転、地球の公転の三つ以外には、てっとり早く時間の経過をはかる基準になる周期運動はないから、日・月・年が普遍的な時間の単位になった。

〔　D　〕

17 そこまではいい。そのつぎに、重大な問題が待ち受けている。人間の一生のサイクルは、だいたいにおいて一年より長い。一年より長い時間を区切る方法は、自然界には簡単に見つからない。せいぜい「生まれた年から数えてなん年」というはかりかたしかできない。しかしこれでは、時間の区切りかたとしては普遍性がない。生まれた年は個人によってまちまちだし、死ぬまでの長さも個人によってまちまちだから。

〔　E　〕

18 そもそも時間というものは、ビッグ・バンで宇宙が生まれたときに、空間とともにはじまったものだそうだが、すくなくとも人間が経験で知っているかぎりの世界では、時間にははじめもなく、終わりもない。これがほんとうの最初の年、最初の月、最初の日というものは、人間には知られていない。言いかえれば、そこから数えれば「なん番めの年」になり、「なん番めの月」になり、「なん番めの日」になる、と言えるような、わかりやすい目安になる時点は、自然界には存在しない。

19 そういうわけで、たくさんの人間が寄り集まって、どの時点から数えることにしようと(e)キョウ定するか、だれかに適当に決めてもらうしかない。こうした取り決めが「クロノロジー（年代）」というものである。

20 時間というものは、そういうふうに、きわめて[(ウ)]なはかりかたしかできない。自然界には、絶対的な時間の経過を示すものは、なにもない。

21 だから、時計とか暦とかのない社会では、時間の経過を決めるのは人間の気持ちによる。人が「いまだ」と思ったときが「そのとき」だというのが、そうした社会の時間の感覚である。こうした時間の感覚は、絶対的な時間とか、時刻とかに置きかえることはできない。それが人間本来の、時間の自然な感じかただ。

22 たとえば、いまでもオーストラリアのアボリジニの社会では、お祭りのはじまる時刻は、夜ということぐらいは決まっているが、なん時ちょうどにはじまるなどということは、だれも申し合わせていない。祭りの場に集まってがやがややっているうちに、なんとなくみんなが気分が高揚してきて、そろそろだなと思ったときがそのときだとなって、お祭りがはじまるというのがふつうだ。

23 まして、日記をつけるということもなかった時代には、自分がなん歳かだってわかるわけもないし、誕生日を覚えている人もほとんどない。東アジアで誕生日の観念が発生したのは、記録にあるかぎりでは、唐の玄宗皇帝が七二九年、自分の誕生日を祝って「千秋節」と呼んだのがはじめてで、七四八年には「天長節」と改称している。

それ以前には、誕生日を意識することはまったくなかったらしい。

24 われわれ現代人の感覚では、時間というものは、無限の過去からはじまって、規則正しくチクタクチクタクと、同じ歩調で現在にむかって進行してきて、現在からは、無限の未来にむかって、チクタクチクタクと同じ歩調で一直線に進行していくものだ、となっている。

25 (1)こうした時間の感覚は、決して自然なものではなくて、文明が創りだしたものだ。明日という日が来るかどうかは、ほんとうを言うと、だれにもわからない。そういう時間の感覚のほうが自然だ。というわけで、人間にとっては、時間は取り扱いにくいものだが、その取り扱いにくい時間がかかわってくるのが歴史なのである。

（岡田英弘『歴史とはなにか』による）

問一　傍線部(a)～(e)の漢字と同じ漢字を含むものはどれか。次の各群の①～⑤のうちから、それぞれ一つずつ選べ。
解答番号は 1 ～ 5 。

(a) 生ガイ
① 故国にガイ旋する
② 断ガイ絶壁に立つ
③ 失政を弾ガイする
④ ガイ当者がいない
⑤ 不幸な境ガイにある

(b) 定ギ
① 審ギ会の委員
② 児ギにも等しい
③ 真ギを確かめる
④ 字ギどおりの解釈
⑤ 時ギにかなった企画

(c) 比ユ
① 政官のユ着
② ユ快に暮らす
③ 重箱読みとユ桶読み
④ 物見ユ山の旅に出る
⑤ 隠ユをメタファーと言う

(d) バク然
① バク僚会議
② 犯人を捕バクする
③ 砂バクのオアシス
④ 秘密をバク露する
⑤ 賭バクを取り締まる

(e) キョウ定
① 市とキョウ催する
② 物資を提キョウする
③ 視力をキョウ正する
④ 不キョウ和音が生ずる
⑤ 他社とのキョウ争に勝つ

問二　空欄 Ⅰ ～ Ⅲ に入る語はどれか。最も適当なものを、次の①～⑤のうちから、それぞれ一つずつ選べ。ただし、同じ番号を二度以上使用してはならない。解答番号は［Ⅰ］＝6、［Ⅱ］＝7、［Ⅲ］＝8。

①しかし　②そこで　③そのうえ　④つまり　⑤やはり

問三　空欄［(ア)］に入るものはどれか。最も適当なものを、次の①〜⑤のうちから一つ選べ。解答番号は9。

①過去にあった事実だ
②それを語る個人の体験に基づくものだ
③空間と同時に、時間にもかかわるものだ
④人による食い違いが起こりやすいものだ
⑤手で触って見られるようなものではない

問四　空欄［(イ)］に入るものはどれか。最も適当なものを、次の①〜⑤のうちから一つ選べ。解答番号は10。

①時間には目盛りがない
②時間は空間に置きかえられる
③記憶の中で出来事の順序は曖昧になる
④人間には時間をはかる機能が備わっていない
⑤時間の経過は天体の周期運動で測定するしかない

問五　次の一文を本文の中に入れるとしたら、〔Ａ〕〜〔Ｅ〕のうちのどこに入れるのがふさわしいか。最も適当なものを、次の①〜⑤のうちから一つ選べ。解答番号は11。

そこで、個人の範囲を超えた時間を、どうやって管理するか、という根本的な問題が起こる。

①〔Ａ〕　②〔Ｂ〕　③〔Ｃ〕　④〔Ｄ〕　⑤〔Ｅ〕

4

問六　空欄 (ウ) に入るものはどれか。最も適当なものを、次の①〜⑤のうちから一つ選べ。解答番号は**12**。

①帰納的　②人工的　③感情的　④効率的　⑤自己中心的

問七　傍線部(1)「こうした時間の感覚は、決して自然なものではなくて、文明が創りだしたものだ」とはどのようなことか。最も適当なものを、次の①〜⑤のうちから一つ選べ。解答番号は**13**。

①「いまだ」と思う時が「そのとき」だというのが、我々の習得すべき時間感覚である。
②歴史認識のあり方は、語り手の知識や人生経験によって大きく左右される側面がある。
③過去から未来へと向かう規則正しい時間の流れは、人為的に作り出された観念である。
④明日が来るかはわからないのに必ず来ると思い込むのは、人類が共有する物語である。
⑤過去から未来に向けて同じリズムで進む時間のイメージは、客観的な時間感覚である。

問八　本文の内容と**合致しないもの**はどれか。最も適当なものを、次の①〜⑤のうちから一つ選べ。解答番号は**14**。

①人間にとって時間を把握することは、空間を把握することと同様に困難なことである。
②自然界の現象によってとらえることのできる時間の経過よりも、一般的に人間の一生の方が長い。
③「銀河系ができるまでの宇宙の歴史」は、本来的な意味においては「歴史」と呼べるものではない。
④歴史とは何かを考える際には、時間とは何かということが問題になるが、そのとらえ方が非常に難しい。
⑤人間の一生の長さを測定するための、ふさわしい時間の単位の基準となるものは、自然界には見当たらない。

解答番号	解答欄									配点	解答番号	解答欄									配点
	1	2	3	4	5	6	7	8	9			1	2	3	4	5	6	7	8	9	
1	①	②	③	④	⑤	⑥	⑦	⑧	⑨	(1点)	8	①	②	③	④	⑤	⑥	⑦	⑧	⑨	(2点)
2	①	②	③	④	⑤	⑥	⑦	⑧	⑨	(1点)	9	①	②	③	④	⑤	⑥	⑦	⑧	⑨	(8点)
3	①	②	③	④	⑤	⑥	⑦	⑧	⑨	(1点)	10	①	②	③	④	⑤	⑥	⑦	⑧	⑨	(7点)
4	①	②	③	④	⑤	⑥	⑦	⑧	⑨	(1点)	11	①	②	③	④	⑤	⑥	⑦	⑧	⑨	(8点)
5	①	②	③	④	⑤	⑥	⑦	⑧	⑨	(1点)	12	①	②	③	④	⑤	⑥	⑦	⑧	⑨	(4点)
6	①	②	③	④	⑤	⑥	⑦	⑧	⑨	(2点)	13	①	②	③	④	⑤	⑥	⑦	⑧	⑨	(5点)
7	①	②	③	④	⑤	⑥	⑦	⑧	⑨	(2点)	14	①	②	③	④	⑤	⑥	⑦	⑧	⑨	(7点)

第5講
問題
Question

『自由の思想史』

（猪木武徳）

〔出題：早稲田大（改題）〕

解答時間
25分
目標得点
35 / 50点
学習日
／
解答頁
P.59

◆自分に紐《ひも》づける読書

〝就活〟は「就職活動」、〝コンビニ〟は「コンビニエンスストア」の略である。では〝経済〟は何の略か知っているだろうか……。答えは「経世済民」。元々は中国の古典に出てくる言葉で、「世を経《おさ》め、民衆を苦しみから救済すること」の意である。現代文の授業で政治や経済の文章を扱うと、興味のなさゆえに読めない生徒がいるが、政治はもちろん経済も、私たちの暮らしに密接に結びついたものである。解説編では、なるべく身近な例を用いて文章内容を説明している。読者の皆さんも、心のシャッターを下ろさず、自己との関わりを考えながら読んでほしい。（西原）

第5講

次の文章は、猪木武徳『自由の思想史―市場とデモクラシーは擁護できるか』（二〇一六年）の一節である（一部省略し文字を改めた箇所がある）。これを読んで、あとの問いに答えよ。なお、11～13の中に一箇所誤記がある（問六参照）。

1 人間の知識が不完全である以上、人は未来に向けてつねに不確実な状況での思考と行動を迫られる。いかに多くの時間とエネルギーを費やしても、結局どこかの時点で「賭け」なければならない。この「賭ける」という行為は、われわれに期待や不安をもたらすが、同時に悪徳への道に通じることもある。法や慣習が「賭け」を、どこまで、どのようなルールで許容するのか、その枠組みを整えながら経済は豊かな発展をとげてきた。

2 賭けは度を越さなければ楽しいとは言うものの、その「度」がどの辺りなのか、境界線ははっきりしない。そもそも、ある賭け事は違法であるが、別の賭け事は合法とされ、「投機」と呼ばれ白昼堂々と行われているのはなぜか。競輪や競馬は合法なのに、賭け麻雀はなぜ犯罪になりうるのか。国が賭博事業を管理・経営しているではないか。パチンコでは現金引換えが禁じられているのに、競輪・競馬では換金が行われている。金融商品取引、商品先物取引、保険契約はなぜ認められるのか。これらの取引や契約も「度」を過ぎれば、犯罪を生み出すことがあるではないか等々、さまざまな疑問が生まれる。［イ］

3 この素朴な疑問に対して、「違法性阻却(1)」という概念が答えを与えてくれるという。このセイコウ(2)な法律用語は、「通常は法律上違法とされる行為でも、その違法性を否定する余地があること」を指すという。例えば民法で、他人の不法行為から自己または第三者の権利を守る行為である「正当防衛」や「緊急避難」は不法行為の成立を否定する例だ。刑法でも、法令に基づいて行われる行為や正当業務行為は、刑法規定では違法性が推定されても、「違法性はない」とされる（つまり阻却できる）ことがあるという。この「違法性阻却」によって、先に挙げた金融商品、商品先物などの取引には「 (3) 」という言葉を使わずに「投機」と呼ぶのだ。この「違法性阻却」の法理によって、仮に違法性があったとしても、一部の賭けや「投機」は違法とはみなされないのだ。

4 では投機と投資はどう異なるのか。投機は、「将来売るために買う」行為であって、購入価格と売却価格との差益（キャピタル・ゲイン）を目的としている。そこには所有権の移転があるだけで、国民所得の増大に貢献するような「正」の要素はない。 ロ

5 この投機という言葉はもともと思索的な意味を持って生まれたとされる。辞書によると、仏教の言葉で、「指導者の機（人格的力量）と学人のそれが投合すること」、「仏法の玄奥《げんおう》にして肝要なる道理に相かなうこと」を指す。英語の speculation も、推測、推量だけではなく、思索や熟考を意味して用いられる場合がある。投機は思惑で買ったり売ったりするわけだから、「思索」とみなせないことはない。しかし日常感覚では、思索には、ロダンの「考える人」のような重さと真剣さがあるとの思い込みがある。一方、投機には、「売り逃げ」などのすばしこさを想像させるところがある。しかし投機はもともとは取引のリスクを小さくすることを目的に行われた。暴落しているときに敢えて買う、高騰しているときに敢えて売る、こうした行為が長い目で見れば平均収益にとってプラスになるという判断からだ。それが、次第にただ短期的な価格変動から収益を得る行動が意味の中心を占めるようになった。

6 他方、投資は、経済学では「不確実な将来の収益を期待しつつ現時点で確実な額の費用を投下する行為」を意味する。ただ、この「投資」という言葉は、日常の言葉とは意味がずれている。株式や債券を買うとき、「投資した」と言うことがあるが、証券の売買は生産の拡大を可能にする資本形成ではない。経済学では、あくまでも実物資本や在庫の増加、つまり資本形成がなされた場合だけを「投資」とみなし、証券の売買のような投機とは区別する。

7 われわれの生活は様々な不確実性やリスクのもとで営まれているから、利益を求めて不確実な将来に「賭ける」という行為は人間の生活からは切り離せない。経済成長の重要なエンジンとなる投資は、将来の売れ行きを予想しながら、新技術を体化した新しい機械設備を購入することによってなされる。［ハ］

8 投資の概念は、物的資本だけでなく、人的な資本にも当てはまる。高等教育を受ける、新天地を求めて移住をする、といった行動は、「［(4)］」という投資の定義に一致する。教育支出や移住のための支出は経済学的には「投資」行動と見なされてもよいのだが、国民経済計算の統計（いわゆるGDP統計）ではこれらの支出（教育費、移住費）は消費支出に算入される。企業の資産としても「人的資本」は重要な資産だが、企業会計では「貸借対照表」の資産項目には入らない。その企業がどのような人材を抱えているか、どれほど優秀な技術者集団がいるのかは、企業資産の重要な要素であるにもかかわらず、資産として計上されないのだ。［ニ］

9 いずれにせよ、投資にも「賭ける」という要素が存在し、賭けるからこそ、賭けに勝った者への報酬が存在する。「賭ける」自由があってはじめて、経済が活性化するのだ。この点から「投資」と「投機」を比較すると、自由な「投資」は生産拡大の可能性の道を開くということ、それに対して、株式や債券の売買のような「投機」は、資本の用途の効率化を促す機能（利潤率の高いところに資金が流れる）はあるものの、直接生産のための資本設備の増強を保証するものではない。その自由を認めても、「投機」による所得はあくまで「不労所得」なのである。

10 将来が不確実である以上、「賭けること」が経済生活と人間の生そのものに深くかかわっていることは改めて指摘するまでもない。「賭ける自由」が社会的に受容されるのかどうかは、現実にはその自由がもたらす社会的帰結を功利主義的な観点から判断するのが妥当なようだ。［ホ］

11 この投資の問題を透徹した知性で、現実感覚を持って論じたのはJ・M・ケインズであった。彼は『一般理論』

第十二章で投資の問題に取り組んでいる。興味深いのは、そして何よりも重要なのは、ケインズが「長期の期待」と「短期の期待」を分けていることだ。設備投資が将来収益に結び付くのかどうかを予想するのが「長期の期待」であるのに対して、一定の資本設備の下でどれだけ生産するのかを決めるのが「短期の期待」であるとする。前者は、企業家の長期的な経済環境についての確信の度合いが影響する。しかしその確信たるや、実は根拠の極めて薄いものにすぎない。一年先のことを高い精度で予測できる経営者はいない。そこで、投資の決定要因として持ち出すのが「アニマル・スピリット」なのだ。生得的な活動の衝動であり、合理的な計算もするが、しばしば気まぐれや感情や運に頼る、まさに「悪魔のように細心に、しかし天使のように大胆な」行動なのだ。

12　現代のように所有と経営が分離した経済社会では、証券市場が巨大な市場を形成している。この証券市場の肥大化によって、短期的な思惑で証券の売買を行うもの（投機家！）が増加し、金融システム、ひいては経済システム全体の安定性を損なう原因になっているとケインズは指摘している。投資は、それ自体は収益率の高い事業を探す行為だと見れば、経済全体にプラスの働きがあることは確かだ。しかし、(5)証券市場の「投機」は、政治の世界でのデモクラシーが抱え込む問題と似た弱点を持っている。デモクラシーの下で選ばれる政治家と政策が人々の考える価値と必ずしも一致するとは限らない。ケインズが言うように、株価は必ずしも実質的な企業の将来収益性を反映しないこと、すなわち「多数の無知な個人の群集心理の結果となる世間的評価」が必ずしも実質的な投資価値と一致しないという問題を抱えているからだ。

13　この「世評」と「実質」の乖離を説明する例が、有名な「美人投票論」だ。［　(6)　］。つまりすべての参加者の投票指針は「実質」ではなく「世評」なのである。

問一　次の一文が入る最も適切な箇所を空欄 [イ] ～ [ホ] の中から一つ選び、解答欄にマークせよ。

投資という「賭け」は、新たな付加価値を生み出すという意味で生産への貢献は大きい。

問二　傍線部⑴「違法性阻却」について問題文から理解できる意味内容の例として**適切でないもの**を次の中から一つ選び、解答欄にマークせよ。

イ 医師が正当な医療行為のために患者の身体にメスを入れた。
ロ 著作権侵害であるとは知らずに海賊版CDを製造販売した。
ハ ボクシングの試合でルールに従って競技をし相手を殴った。
ニ 見知らぬ男に刃物で襲われた際にやむを得ず相手を殴った。
ホ 自動車にひかれそうになって飛び込んだ家の垣根を壊した。

問三　傍線部⑵「セイコウ」と同じ漢字を用いるものを次の中から一つ選び、解答欄にマークせよ。

イ その人は、事業にセイコウして歴史に名を残した。
ロ 彼の言葉は、あまりにたどたどしく、セイコウだ。
ハ 彼は、友人からセイコウ不良をたしなめられた。
ニ その時代には、さまざまな文学理論や思想がセイコウした。
ホ その着物にはセイコウな刺繍がほどこされている。

問四　空欄 [⑶] に入るのに最も適切な漢字二字の語を、空欄 [⑶] より前の問題文中に見出し、**楷書**で解答欄に記せ。

問五　空欄 (4) に入る文として最も適切なものを次の中から一つ選び、解答欄にマークせよ。

イ 資本形成のために、高付加価値商品の価格の上昇に賭ける
ロ 評価の高い教育施設を買収して、教育市場の拡大に賭ける
ハ 将来の不確実な収益性に対処するため、資本形成に賭ける
ニ いま確定したコストを投下して、将来収益の増加に賭ける
ホ 将来の不確実性を軽減するために、きまぐれや運に賭ける

問六　11～13の中に、誤記された二字の熟語がある。その熟語を含む一文を抜き出し、最初の五字を解答欄に記せ。

問七　傍線部(5)「証券市場の「投機」は、政治の世界でのデモクラシーが抱え込む問題と似た弱点を持っている」の解釈として最も適切なものを次の中から一つ選び、解答欄にマークせよ。

イ 証券市場の「投機」は、金融システムの安定性を損なう可能性を持っているので、不正な政治資金によって腐敗する可能性があるという点でデモクラシーが抱える問題と似ている。
ロ 証券市場の「投機」は、長期的な収益性を評価して行われるものではないので、短期的な効果が期待される政策が追求されやすいという点でデモクラシーが抱える問題と似ている。
ハ 証券市場の「投機」は、企業の実際の価値が売買されるものではないので、必ずしも有能な政治家が選挙で選ばれるわけではないという点でデモクラシーが抱える問題と似ている。
ニ 証券市場の「投機」は、収益率の高い事業を効率的に探す機能を持っているので、利益誘導の政治家に票を集中させることがあるという点でデモクラシーが抱える問題と似ている。
ホ 証券市場の「投機」は、資本設備の増強を保証するものではないので、選挙で選ばれた政策の実現可能性を保

証するものではないという点でデモクラシーが抱える問題と似ている。

問八　空欄 (6) には「美人投票論」について説明した一文が入る。その文を解答欄の**空欄を補うかたちで**完成させよ。その際、次の条件にしたがうこと。

・全体を「**株式市場の人々は、自分が〜投票する**」という形式にまとめること（太字の部分はあらかじめ解答欄に記してある）。

・文の途中に「**美人**」、「**他人**」、「**投票するのではなく**」の語句を用いること（用いる順番や回数は自由とする）。

・記入欄には三十五字以上四十字以内で記入し、読点も字数に含めること。

【解答欄】

問四（4点）

問六（6点）

問八（10点）　**株式市場の人々は、自分が**　　　　　　　　　　**投票する**

設問	解答欄 イ	ロ	ハ	ニ	ホ	配点
問一	◯	◯	◯	◯	◯	(8点)
問二	◯	◯	◯	◯	◯	(4点)
問三	◯	◯	◯	◯	◯	(4点)
問五	◯	◯	◯	◯	◯	(7点)
問七	◯	◯	◯	◯	◯	(7点)

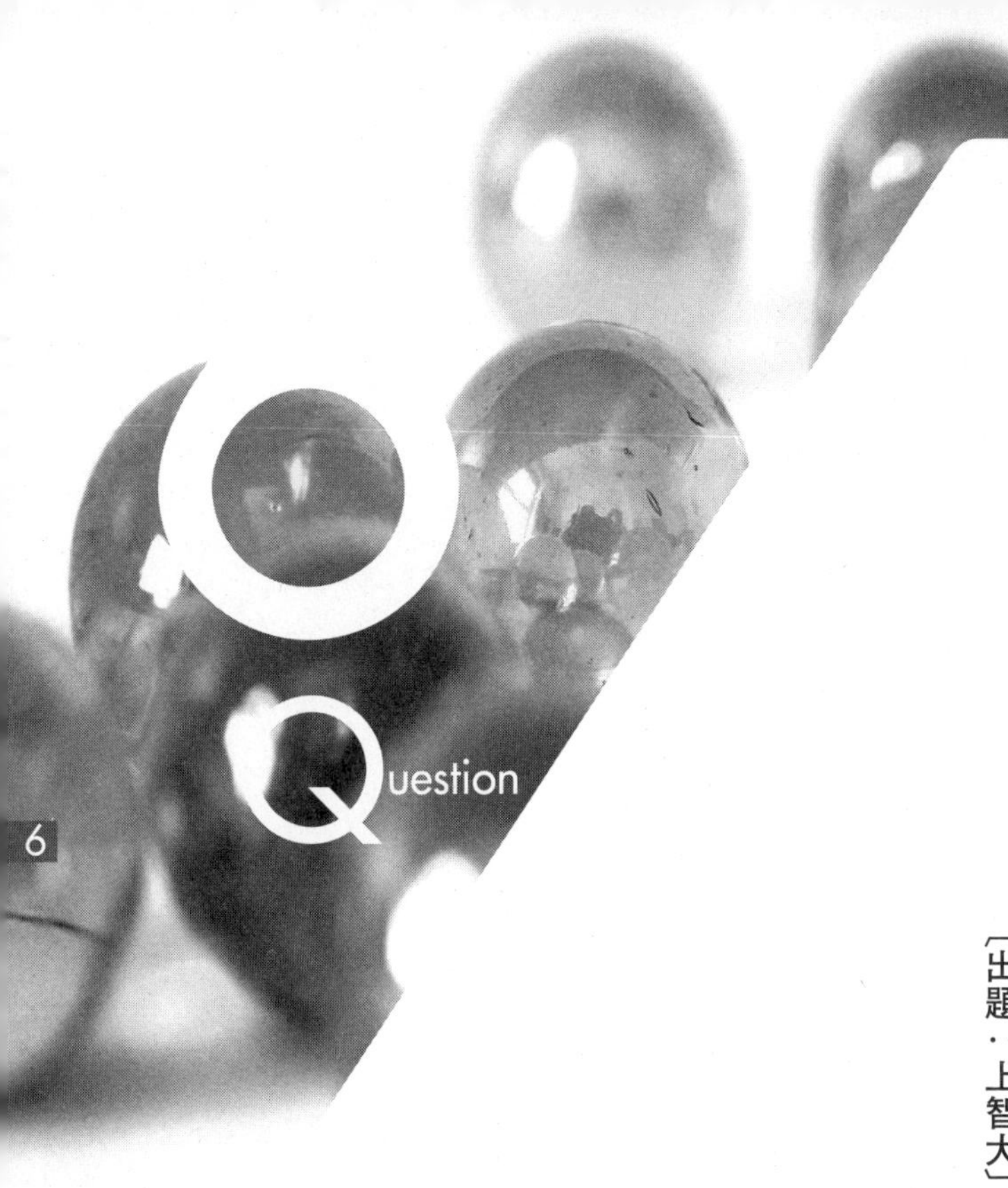

第6講

問題
Question

『不惑の雑考』（岸田秀）

〈出題：上智大〉

解答時間	20分
目標得点	40/50点
学習日	／
解答頁	P.73

◆「ではない」存在

「近代以前の古いヨーロッパ社会では、人々に〈子供〉という時期がなく、人間ははじめから〈小さい大人〉とされた」（中村雄二郎『術語集』）。人間を〈子ども〉と〈大人〉に分けるのは、実は近代になって生まれた「ものの見方」だ。子どもは近代という時代に「いまだ大人ではない未熟な存在」として〝発見〟された。だが、そこで到達すべき目標段階とされている〈大人〉とは何だろう？　あるいは、〈異常〉とは「正常ではないこと」だが、では〈正常〉とは何だろう？　誰がどのようにそれを定義するのだろうか？　〈大人／子ども〉〈正常／異常〉〈文明／未開〉……。これらの二分法には、看過《かんか》できない問題が潜んでいる。（輿水）

第6講　次の文章を読んで、後の問に答えよ。

1　子どもというものが近代において発見された現象であることはよく知られているが、論理的に言って子どもの発見はおとなの発見と同時であろう。子どもはおとなの発見と同時に、おとなではないもの、いわばおとなのネガとして発見されたのである。発見者は自分をおとなだと思った人間である。子ども自身が、おれはおとなとは違う子どもだと言い出したわけではない。

2　この発見者は、近代ヨーロッパ人らしいが、子どものほかに、自分とは異質なさまざまなものを発見した。文明人ではないところの未開人、正常者ではないところの異常者（変質者、神経症者、精神病者など）など。そして、子どもをおとなに「発達」させるために教育制度をつくり、未開人を「文明化」するために植民地をつくり、異常者を「治療」して正常者にしようとした。その試みがうまくゆかないと、殺して滅ぼしてしまったり（「未開」民族などを）、施設（監獄、精神病院など）に収容したりした。子どもと同じく、未開人も異常者も自分からおれは未開人だとか異常者だとか言い出したのではなく、それぞれ文明人、正常者のネガであった。

3　つまり、この発見者は、自分のことをおとなだと思っただけでなく、文明人、正常者だとも思ったわけである。

4　では、自分のことをおとな、文明人、正常者だと思い、子ども、未開人、異常者を発見した人とはどういう人であろうか。一言で言えば、近代理性人とでも呼ぶことができようが、この近代理性人は、どこから現われたのであろうか。近代理性人は、中世において唯一絶対神に支えられていた調和的宇宙の秩序が崩れ、この秩序のなかでの安定した場所を失い、紐《ひも》が切れてバラバラになった※念珠《ねんじゅ》のように孤立して、いきどころを失った［A］から現われた。彼らは個々バラバラに神との関係においてそれぞれの自分を築いた。いいかえれば、それぞれ自分のうちに［B］をもった。このうちなる［C］が［D］であり、したがって、［E］は［F］と同じように普遍妥当な絶対的なものであった。

5 そして、もはや(1)中世的な宇宙の秩序を見失った彼らは、この理性にもとづいて秩序を再建しなければならなかった。このようにして再建された秩序が近代社会であり、近代国家であった。この近代社会の秩序は、もはや神に任せておけばうまく維持してもらえるというわけにはいかず、社会を構成する個人々々が理性にもとづいて計画し、形成し、維持しなければならなかった（フランス革命やロシア革命はこのような思想を前提としている）。もはや天の恵みはなく、すべては自分たちがつくらねばならなかった。そこではじめて(2)近代的意味における労働が現われた。

6 このような社会においては、理性をもたない人が、厳密なことを言えば、たとえたった一人いても困るのである。燦々《さんさん》と太陽が輝き、花の香りが満ちている野原を好き勝手に歩き回りましょう、ということならどんな人が参加してきてもいっこうに困らないが、たとえば野球の試合をしようというとき、チームに一人でも野球のルールを知らない者がいれば困るのと同じである。その一人のために野球の秩序が崩れ、試合ができなくなってしまう。本能にも神にも依らず、人為に依る秩序を維持するためには、あますところなくすべての人間が完全でなければならない。そこで、近代理性人は、自分と同じような理性をもっておらず、参加させれば社会の秩序を乱しかねない者として、子ども、異常者を発見し、教育や治療によって彼らを理性人に変えるまで社会から排除し、隔離したのである。そして、ご苦労なことだが、この普遍妥当な理性によって全世界を秩序づけなければならないという理想に燃えて（この理想が実現しないかぎり、世界における彼らの終局的安定感は得られないから）、わざわざ遠く地球のあちこちへ出かけて行き、未開人を発見し、彼らを文明人、理性人にしようとした。

7 この近代理性人は、言ってみれば自分を神になぞらえ、理性によって世界を創造し、支配できると考えたわけで、一種の誇大妄想狂と言えよう。ご存知のように、この近代理性人という名の誇大妄想狂は近代以降、数多くの侵略や戦争や植民地化の惨禍を人類にもたらし、今や人類を何回も絶滅できる原水爆を抱えた諸国家が対立する世界を出現させている。軍縮の話し合いをいくらやっても結実しないことが証明しているように、理性に頼るかぎり、この袋小路からの出口はない。

8 おとな、文明人、正常者の絶対的価値が疑われはじめたのは、このことがだんだんとわかってきたことと関連があるであろう。果てしない軍拡をつづける文明国のリーダーが、おとなで文明人で正常者であることは間違いないからである。反精神医学によって精神病者が見直され、文化人類学によって「未開」文化が何ら未開ではないことが気づかれてきているが、子どもというものが昔からあったものではなく、近代において発見され、つくられたものであることが問題になっていることも、一連のことであろう。

9 今や子どもは、おとなへと教育しなければならない未熟な存在というより、おとなの欠陥を逆照射する鏡となった。と言って言い過ぎであれば、少なくとも部分的にはそのように見られはじめている。しかし、(3)おとなのネガでしかない子どもを基準にすることもできないであろう。本能が壊れたために本能に頼れず、神が死んだために神に頼れず、今や理性も頼りにならないとしたら、人類はどうすればいいであろうか。このようなむずかしい問題に明快な答えをもち合わせているわけはないが、ネガとしての子どもを必要としないようなおとな、おとなのネガではないような子ども、つまり(4)現在のおとなでも子どもでもないような新しい人間が必要なのではなかろうか。

10 そのためにはまず、現在のおとなの解体が必要であろう。昨今、おとなになりたがらない若者がふえているようであるが、この現象は、この観点からすれば、むしろ好ましい現象かもしれない。しかし、そのような若者はおとなのネガとしての子どもに過ぎず、誰かほかの人がおとなの役割を演じてくれることを前提とした上での子どもであるから、そのような子どもの解体も必要であろう。

（岸田秀「子どもとは何か」より）

（注）　※念珠…数珠《じゅず》のこと。

問一 空欄部 A ～ F を、次の①～⑩の語を用いて埋めるのに、最も適当な組み合わせを、次の㋐～㋔の中から一つ選べ。

①おとな　②文明人　③子ども　④個人　⑤秩序
⑥理性　⑦神　⑧本能　⑨完全　⑩天

	A	B	C	D	E	F
㋐	②	⑥	⑦	⑨	④	⑩
㋑	④	⑦	⑦	⑥	⑥	⑦
㋒	③	⑨	⑧	④	④	⑤
㋓	①	⑤	⑧	⑥	⑩	⑦
㋔	②	⑥	⑥	⑦	④	⑦

問二 傍線部(1)「中世的な宇宙の秩序」とは、どういうことか。最も適当なものを、次の中から一つ選べ。

㋐唯一絶対の神に基づいて個人を再建することで、世界を調和させること。

㋑普遍妥当な理性と唯一絶対の神との折り合いをつけることが、世界の安定となること。

㋒普遍妥当な理性の上位に唯一絶対の神を想定することで、世界を統率すること。

㋓唯一絶対の神にゆだねておくことが、世界の安定した維持になること。

問三　傍線部(2)「近代的意味における労働」とは、どのような労働か。最も適当なものを、次の中から一つ選べ。

㋐社会の構成員たる個人が自らの意志で成立させる労働。
㋑社会の構成員たる個人が天の恵みを利用して行う労働。
㋒社会の構成員たる個人が秩序を再建しながら行う労働。
㋓社会の構成員たる個人が普遍性をめざして計画する労働。

問四　傍線部(3)「おとなのネガでしかない子どもを基準にすることもできない」のは、なぜか。最も適当なものを、次の中から一つ選べ。

㋐子どもは、おとなの一部分を代弁する存在にすぎないから。
㋑子どもは、おとなとの異質性を強く持ちすぎているから。
㋒子どもは、すでに無効となったおとなの概念によって成立しているから。
㋓子どもは、おとなの欠陥を逆照射するものにすぎないから。

問五　傍線部(4)「現在のおとなでも子どもでもないような新しい人間」とは、どのような人間か。最も適当なものを、次の中から一つ選べ。

㋐おとなになりたがらず、子どもであることも拒否する人間。
㋑新しい本能、新しい神、新しい理性を築き上げようとする人間。
㋒おとなと子どもを分化させる以前の、唯一絶対神に支えられた秩序を志向する人間。
㋓理性を絶対的なものとする考え方から解き放たれた人間。

6

問六　次の㋐～㋔のうちで、本文の論旨に合うものを**A**とし、合わないものを**B**とせよ。

㋐近代理性人は、神や本能に代わる力として、理性を絶対化させた。

㋑近代理性人が未開人を「文明化」させるのは、神中心の世界観を恐れたからである。

㋒現在のおとなを解体することと、現在の子どもを解体することとは、本質的には同一のことである。

㋓軍縮の話し合いが実を結ばないのは、理性の普遍妥当性が、諸国家に、まだ浸透しきれていないからである。

㋔自分をおとなだと思った人間が、子どもに、おとなの欠陥を逆照射する本能を発見した。

チャレンジ問題（余裕があればやってみよう）　本文の内容を２００字以内で要約せよ。

【解答欄】

問一（5点）	
問二（5点）	
問三（5点）	
問四（5点）	
問五（5点）	
問六（各5点） ㋐	
㋑	
㋒	
㋓	
㋔	

第7講

問題
Question

『開発と文化』

（岡本真佐子）

〔出題：成城大（改題）〕

解答時間
25分
目標得点
35 / 50点
学習日
／
解答頁
P.85

◆「追跡」

現代文の参考書で長らく「伝説的名著」とされてきた本がある。『新釈 現代文』（高田瑞穂 一九五九年）がそれだ。二〇〇九年、ちくま学芸文庫から復刊されたこの本（腕に覚えのある諸君はぜひ挑んでみてほしい）には「たった一つのこと」しか説かれていない。それが「追跡」だ。筆者の問題意識に沿って論の展開を追い、論旨を正確に把握すること。本書が提示する【基本の読解方略：2追跡】もそれを踏まえている。そして、今から解いてもらうのは、その「追跡」の出来《でき》如何《いかん》で大きく点差が開く問題だ。「正しく追跡したものの目には、設問はみずからその答《こたえ》を物語らずにはいない」（前掲書）。心して解いてみてほしい。（輿水）

第7講　次の文章を読んで、後の問に答えなさい。

1 「都市」は雑多で多様な人々が行き交い、進取の気運にみちたダイナミズムにあふれているというのは、とくにいま驚異的な発展と変化をとげつつあるアジアの都市を訪れると、まさにそのとおりだと感じる。あふれるばかりの「モノ」の魅力、新しい「機会」を見つける可能性、仕事につくチャンスといったものだけでなく、その「空気」というのだろうか、都市のもっている外に向かって開かれた自由な空気が、どんどん人々を引きつけていく。国内の各地から、あるいは国境を越えてさまざまな人々が寄り集まってくることで、そこからエネルギーを吸収するかのように、さらに「都市」は活気づいていくのだ。

2 しかし、いくら「実感」としてこのように感じられようと、この「都市」の顔が非常に一面的であることはいうまでもない。南アジアで調査をしているとき、しばらく都市からはなれて生活していて、またそこに戻ってくると、騒音や道路に舞い上がる(ア)砂埃に辟易《へきえき》しながらも、街に活気があると自分の気持ちもつられて元気になるようなところもあって、都市にはやはり不思議な力があると感じたのを覚えている。しかし、そのように感じられるのはむしろ一瞬で、しばらくすると「活気」や「ダイナミズム」を通り越して、どうしようもなく「危うい」、あるいは「もろい」という感覚が現れてくる。そしてどちらかというと、ダイナミズムという積極的なニュアンスよりは、(1)この「危うさ」がうっすらと街を覆っている、あるいは足下のそこここに(イ)潜んでいるといった印象のほうが、アジアのさまざまな都市にいると強く感じられるのである。

3 「都市化」は経済発展が進むにつれて生じてくるプロセスだとして、これまでは「発展」のものさしとも見られてきたが、今ではそれほど楽観できる状況にはない。発展途上国の都市には、医療や福祉制度などの整備がまったく追いつかなくなるほどのペースで大量に人々が流れ込んでいる。住むところもなく不衛生な環境で多くの人々が暮らしているために、疫病も発生しやすく、いったんそれが流行《はや》るといっぺんに多くの人々が感染してしまう。大気汚染や病気、貧困や犯罪などは決して「都市」の問題として目新しいものではないが、途上国では急激な開発と人口の爆発的な増加のために、事態はこれまでにないほど深刻で危険なものになっている。

4　しかし先にわたしが感じた「危うさ」というのは、このようなあからさまな「危険」というものではなく、むしろこのような社会状況を背景としながら現れてくる、人々の「アイデンティティ」の意識に関わるものといったほうがいい。そして国境を越えて労働者が大量に移動している現在、それは(2)途上国の都市に限ったことだともいえないのである。たとえばアンダーソン※1は、マスコミュニケーションの発達と大量移民によって、今では人々が(3)新しい「アイデンティティ」を想像することができるようになったと指摘している。たとえ故郷を遠く離れて出稼ぎにきているとしても、その気になれば飛行機や船、列車など母国に帰る手段はいくらでもある。実際には移民してきた人々が故郷に帰るなどということはそう簡単ではないのだろうが、それでも以前に比べて行き来はずっと容易になっているわけで、「移住先」と「故郷」との「距離」は格段に近くなっている。また人々が移住先で故郷のイメージを持ち続けようとすれば、そうできるような条件が、マスコミの発達によってつくりだされてきているのである。実際、テレビや新聞の情報、旅行案内のパンフレット、「エスニック」を売り物にする商品群のなかに現れるのは、どこか誇張され理想化された「母国」ではあっても、故国を離れて暮らす者にとってそのようなイメージは、自分の「アイデンティティ」のかすかな拠《よ》りどころとなるわけで、母国にいたときには感じたことのないような「国民」としての、あるいは「民族」としてのアイデンティティが、遠い［　A　］の中でかなり「純化」されたかたちで生まれてくることにもなる。大量の移民がひとつのコミュニティをつくっているような場合には、このような新しいアイデンティティをつくりあげることはいっそう易しくなるとアンダーソンは述べている。

5 しかし、(4)このようなかたちでの「故郷」とのつながり、アイデンティティの「想像」は、やはり「一貫性」あるいは「連続性」を欠いており、不安定であると同時に熱しやすく、また突然現れるという(ウ)御しがたさをもっている。そしてそれこそが、都市に身をおいているときに感じられる漠然とした「危うさ」に通じているものなのである。たとえばコロンボ※2などの都市を中心に八三年に起こった民族間の衝突（この場合はシンハラ人※3によるタミール人※4の虐殺）で中心的な役割を果たしたのは、地方から都市に職を求めて流れ込んでいた若者たちであり、彼らはとりわけ強く「シンハラ・ナショナリズム」を支持していた。故郷にいれば、同じ「シンハラ人」とはいってもまだカースト※5が根強く残っているところも多く、貧富の格差も大きくて「シンハラ人」としてまとまった「国民」を想像することなど、そう簡単にはできなかっただろう。しかし、都市で「想像」する「シンハラ人」にはそのような矛盾や障害がないだけに、安易に「(5)真正なシンハラ人」が想像され、生み出されてしまいやすい。フランスで、マリー・ル・ペン※6のネオ・ファシスト運動を強く支持したひとつのグループが、アルジェリア※7から帰還してきたフランス移民であったり、統一ドイツでのネオ・ナチの暴力活動が、一面では旧東ドイツから移動してきた若者に支えられていたということも、(6)「連続性」を欠いた「アイデンティティ」の想像が生み出す危険な側面を物語っている。

6 コマロフ※8は南アフリカの新しい国家づくりの経緯について論じながら、南アフリカでは、国家づくりが何か「即席」にできあがるようなものになりつつあり、「新しい」南アフリカが「電波によってつくり出される空間」上に、非常に強力に生み出されていると述べている。彼が言うには、映像のなかで人々が国歌を歌っていたり、国旗を振っていたり、あるいは選挙の投票のために列に並んでいたりすれば、とたんにその「人々」は「国民」として理解されることになる。(7)そしてこのようなかたちでの「国民」の想像は、本来矛盾や問題を含む「国民づくり」というプロセスを見えなくしてしまい、それがまったく一貫していて矛盾がないかのように見せるのである。

7 このような「想像」は「国民」でなくとも、民族や文化集団であってもかまわないだろう。つまりわたしたちは、「国民」や「文化」「民族」といったものが、(8)いとも簡単にインスタントに生み出されやすい社会に生きているのであり、労働者の大量の移動、移民、あるいは開発に伴って引き起こされる多くの人々の都市への移動などは、この傾向にいっそう拍車をかけている。このような「想像の集団」は、都市ではますます現れやすく、また場合によっては利用されやすくもなっている。この「想像」は、土地に根ざした、それを生きる人々によって支えられている「文化」に基づいているものではないだけに、いつどこに、どういうかたちで「想像の集団」が生み出されてくるのかが非常につかみにくく、それがいっそう「危うさ」の感覚をつのらせるのである。

（岡本真佐子『開発と文化』による）

（注）
※１アンダーソン…政治学者。
※２コロンボ…スリランカの都市。
※３シンハラ人…スリランカの多数派の民族。
※４タミール人…スリランカの少数民族。
※５カースト…南アジアにみられる身分制。
※６マリー・ル・ペン…外国人排斥などを主張する政党「国民戦線」を率いるフランスの政治家。
※７アルジェリアから帰還してきた…フランスの植民地だったアルジェリアは、戦争を経て一九六二年に独立した。
※８コマロフ…文化人類学者。

問一　傍線部(ア)〜(ウ)の漢字の読みを、平仮名・現代仮名遣いで書きなさい。

問二　傍線部(1)「この『危うさ』がうっすらと街を覆っている」と感じられるのはなぜか。最も適当なものを次の中から選び、記号で答えなさい。

(イ)この「危うさ」はあからさまなものではなく、環境の悪化といった見えない所で進行しているものだから。
(ロ)この「危うさ」の原因が、人々をどんどん引きつける都市の「空気」とでもいうべき、見えないものだから。
(ハ)この「危うさ」が土地から切り離された人々の意識の不安定さによるもので、はっきりしたものではないから。
(ニ)この「危うさ」を醸《かも》し出す都市化をまだ人々は発展のしるしと楽観しており、その危険性に気づいていないから。

問三　傍線部(2)「途上国の都市に限ったことだともいえない」のはなぜか。最も適当なものを次の中から選び、記号で答えなさい。

(イ)国境を越えて外国から労働者が大量に移入してくるという現象は、都市だけでなく地方にもみられるから。
(ロ)外国人労働者の大量の移入によって、先進国の人々のアイデンティティの意識にもまた変化がみられるから。
(ハ)移住による都市の人口増加は途上国だけにみられる問題だが、アイデンティティの危機は世界的な問題だから。
(ニ)途上国での都市への移住に伴うアイデンティティの問題は、先進国への移住にもつきまとっているから。

問四　傍線部(3)「新しい『アイデンティティ』」はどういう点が「新しい」のか。最も適当なものを次の中から選び、記号で答えなさい。

(イ)土地に根ざした生きかたや認識のスタイルとしての文化に基づいていない想像であるという点。
(ロ)移住先の文化と接触することによって母国にはなかった混合的なイメージを想像するという点。
(ハ)マスコミュニケーションの発達という最近になって出現した条件によって想像されるという点。
(ニ)大量の移民が移住先でつくる純化されたコミュニティを拠りどころとする想像であるという点。

問五 空欄Aに入るべき語として最も適当なものを次の中から選び、記号で答えなさい。

(イ)都市　(ロ)異国　(ハ)故郷　(ニ)記憶

問六 傍線部(4)「このようなかたちでの『故郷』とのつながり」とは、具体的にはどのようなものか。最も適当なものを次の中から選び、記号で答えなさい。

(イ)故郷から遠く離れて、正しい情報が得られなくなったために理想化された故郷とのつながり。
(ロ)遠く離れた場所で、テレビや新聞のかすかな情報を拠りどころにイメージした故郷とのつながり。
(ハ)移住先でも手に入る情報やエスニックな商品などによって、一面的に想像された故郷とのつながり。
(ニ)飛行機などでの行き来が容易になって、移住先でも維持できるようになった密接な故郷とのつながり。

問七 傍線部(5)「真正な」とはどういうことか。文中の他の語を用いて説明した場合、最も適当なものを次の中から選び、記号で答えなさい。

(イ)「即席」ではない　(ロ)誇張されていない　(ハ)土地に根ざした　(ニ)「純化」された

問八　傍線部(6)「『連続性』を欠いた」とはどのようなことを指しているのか。最も適当なものを次の中から選び、記号で答えなさい。

㋑アイデンティティの意識が突然現われたり消えたりして、断続的になっているということ。

㋺故郷での生活から切り離されたため、アイデンティティが不安定になっているということ。

㋩アイデンティティの中に、育った国の違いや貧富の格差などの不連続性があるということ。

㋥周囲の人々と価値観が共通していないため、アイデンティティが排他的になるということ。

問九　傍線部(7)について、次の各問に答えなさい。

(Ⅰ)「このようなかたちでの『国民』の想像は、本来矛盾や問題を含む『国民づくり』というプロセスを見えなくして」いるとはどういうことか。最も適当なものを次の中から選び、記号で答えなさい。

㋑テレビの映像などによる「国民」の想像は、人々の間にある対立や違いを一気に飛び越えてしまうということ。

㋺国家が「即席」にできるかのような想像は、新しい国家が直面する難問題を些細《ささい》なことと錯覚させるということ。

㋩「国民」を即席につくり出す想像は、国家づくりに人びとの地道な努力が欠かせないことを忘れさせるということ。

㋥電波がつくり出す空間上の「国民」の想像は、以前は一貫していた「国民」の間に矛盾や亀裂を生み出すということ。

(Ⅱ)この「『国民づくり』というプロセス」が本来含む「矛盾や問題」とは具体的にはどのようなことか。最も適当なものを次の中から選び、記号で答えなさい。

㋑ 同じ「国民」としてのまとまりを想像するのが困難なほど、人々の生活スタイルが実際には異なっているということ。

㋺ 実際に国境を越えて労働者が移入してくるため、「国民」と外国人の間に対立や暴力事件が起きてしまうということ。

㋩ マスコミュニケーションの発達によって「国民づくり」が容易になった分だけ、人々が実際の努力を怠るということ。

㊁ 理想化された「母国」を拠りどころに国外で「国民」が想像されるために、現実との格差が生じてしまうということ。

問十 傍線部(8)「いとも簡単にインスタントに生み出されやす」くなったのはなぜか。最も適当なものを次の中から選び、記号で答えなさい。

㋑ 大量の移民がまとまってひとつのコミュニティをつくるようになったので、「想像の集団」をつくりやすくなったから。

㋺ 故郷を離れて暮らす人々にとって、国民や文化や民族といったものは即席につくられたものでもかまわなくなったから。

㋩ 急激な都市化により土地に根ざした伝統が崩れたため、自分たちの文化を自由につくることができるようになったから。

㊁ 国民や文化や民族が人々の生きかたに基づくものではなくなって、イメージとしてだけ生み出されるようになったから。

7

【解答欄】

問一（各2点） (ア)	(イ)	(ウ)	
問二（5点）	問三（5点）	問四（5点）	問五（2点）
問六（5点）	問七（2点）	問八（5点）	
問九（各5点） (Ⅰ)	(Ⅱ)	問十（5点）	

第8講

問題
Question

『現代社会はどこに向かうか』

（見田宗介）

〔出題：早稲田大（改題）〕

解答時間	30分
目標得点	35／50点
学習日	／
解答頁	P.99

◆センス・オブ・ワンダー

『沈黙の春』の作者として有名なレイチェル・カーソンに『センス・オブ・ワンダー』という小さな本がある。センス・オブ・ワンダーとは、すべての子どもが生まれながらに持っている「神秘さや不思議さに驚き目を見はる感性」のことだ。レイチェルは、多くの人が年を重ねるとともに鈍らせ、時には失ってしまうこの感性を新鮮に保ち続けることの大切さを訴えるのだが、実は、現代文を読むときにもこの感性は欠かせない。君は、文章を読むことで開かれる未知の景色に新鮮に驚くことができているだろうか。僕は次ページからの文章を読んで心底驚いた。「驚き」は思考の動力だ。ぜひ新鮮に驚き、縦横に思考を巡らせてほしい。（輿水）

第8講

次の文章は見田宗介『現代社会はどこに向かうか――高原の見晴らしを切り開くこと』の一節である。これを読んで、後の問いに答えよ。なお、本文中には一部省略・改変された箇所がある。

1 二〇〇六年にある種社会的な話題となった映画『ALWAYS――三丁目の夕日』では、一九五八年という、高度経済成長始動期の東京を舞台としている。この映画のほとんどキャッチコピーのように流布した評語は、「人びとが未来を信じていた時代」というものであった。「未来を信じる」ということが、過去形で語られている。一九五八年と、二〇〇六年という五〇年位の間に、日本人の「心のあり方」に、見えにくいけれども巨大な転換があった。

2 一九五〇、六〇、七〇年代くらいまでの青年たちにとって、現在よりもずっとすばらしい未来、よい未来、ゆたかな未来が必ず来るということは、ほとんど当然の基底感覚であった。それがどのようにすばらしい未来であるかについて、さまざまなイデオロギーやヴィジョンが対立し、闘われていた。二一世紀の現在、このような「未来」を信じている青年は、ほとんどいない。人びとの生きる世界の感覚の基底の部分に、［ A ］はあった。

3 この時期の日本人の精神変容の方向性を、何か客観的な数字のようなもので確認することができるだろうか？

4 日本人のものの考え方、感じ方の変動を、統計学的に信頼しうる規模と方法論とをもちいて跡づけてきた、ほとんど唯一といってよい資料として、一九七三年以降五年ごとに行われてきた、NHK放送文化研究所による「日本人の意識」調査のデータがある。

5 二〇〇八年に至る三五年間の変化を全体として見わたしてみると、その変化の「内容」に至る手前のところで、まず変化の「外形」において、おどろくべき「発見」に遭遇してしまう。

6 現代日本を構成する「世代」を原則一五年ごとに、「戦争世代」「第一次戦後世代」「団塊世代」「新人類世代」「団塊ジュニア」「新人類ジュニア」としたとき、各世代の各時点の意識の変化は最近になるほど接近している。つまり、「戦争世代」と「第一次戦後世代」と「団塊世代」の意識はそれぞれ大きく離れているが、「団塊世代」と「新人類世代」は少し接近し、「新人類世代」と「団塊ジュニア」は一部重なり、「団塊ジュニア」以後はほとんどまじりあっているということである。現在における世代間の精神の「距離」を測定すると、「新人類」以降の世代に差異がなくなってきていることが、端的にわかる。ハイティーン（一六―一九歳）とその親の世代との「親子の距離」を測定すると、一九七〇年代にあった大きな「世代の距離」が八〇年代末には著しく減少し、今世紀に入ってほとんど「消失」している。

7 この発見はコロンブスの卵であって、言われてみればだれでも納得するというより、あたりまえのことだと思う。七〇年代以降の生まれの世代の間で感覚の差異がなくなってきていることは、ファッション界でも教育の現場でも、商品開発の現場でも語られていることであって、すこしも新しい発見ではない。

8 けれども少なくとも「団塊世代」までは、歴史というものは「加速度的」に進展するということを、当然の感覚のように持っていた。「近代」は古代・中世よりも変化の急速な時代であり、近代の中でも、一八世紀より一九世紀、一九世紀より二〇世紀は、変化の激しい時代であった。二〇世紀でも、一九七〇年代くらいまでは最近の一〇年はその前の一〇年よりも変化が早い、という時代の連続であった。「歴史は加速する」というこの感覚には、客観的な根拠もあった。エネルギー消費量だけでなく、人間活動の様々な分野をグロスにしてみると、歴史はたしかに「加速度的」に進展してきた。だからこの三〇年間の、世代の意識の変化の「減速」あるいは「停止」、つまり歴史のある基本的な部分の、「減速」あるいは「停止」ということは、「歴史」というものののあり方自体の、ある変容を表示しているように見える。

9 だがそれにしても我々は、ここで奇妙な「矛盾」を見ている。冒頭我々は変化の「巨大」であることを示唆する挿話から出発してきた。けれども統計数字が示すのは、変化が「減速」し、ほとんど「停止」しているように見えるということである。変化が「巨大」であるという事実と、変化が「小さくなっている」という事実は、どのように統一的に把握することができるだろうか。

10 それは「現代」という時代を現実に構成している矛盾――(1)二つの力の方向性（ベクトル）の拮抗するダイナミズムを見ることをとおしてはじめて把握することができる。この「現代」という時代を決定している二つの方向線は、人間の歴史の全体の中で「現代」を定位してみる時にはじめて、明確に見えてくるものである。

11 一九七〇年代までの人びとの歴史意識は、というよりも「自明」のように前提されていた歴史感覚は、歴史というものが「加速度的」に進歩し発展するという感覚であった。この感覚には客観的な根拠があった。例えばエネルギー消費量の、加速度的な増大という事実に、それは裏付けされていた。けれども少し考えてみると、このような加速度的な進展が、永久に続くものでないことは明らかである。一九七〇年代ローマクラブの『成長の限界』以来すでに多くの推計が示しているとおり、人類はいくつもの基本的な環境資源を、今世紀前半の内に使い果たそうとしている。われわれのミレニアムは、二〇〇一年九月一一日世界貿易センタービルへの爆破テロによって開幕しているが、ハイジャック犯によってビルに激突する数分前の航空機にわれわれの星は似ているのであって、どこかで方向を転換しなければ、このまま進展する限り破滅に至るだけである。

12 一定の環境条件の中に、たとえば孤立した森の空間に、この森の環境要件によく適合した動物種を新しく入れて放つと、初めは少しずつ増殖し（第Ⅰ期）、ある時期急速な、時に「爆発的」な増殖期を迎え（第Ⅱ期）、この森の環境容量の限界に接近すると、再び増殖を減速し、やがて停止して、安定平衡期に入る（第Ⅲ期）。

13　生物学者がロジスティック曲線と呼ぶS字型の曲線（図1の実線）である。これは成功した生物種であり、ある種の生物種は図1の点線のように、繁栄の頂点の後、滅亡にいたる。これを「修正ロジスティック曲線」と呼ぶ生物学者もある。再生不可能な環境資源を過剰に消費してしまったおろかな生物種である。哺乳類などの大型動物はもっと複雑な経緯を辿るが、基本の原則を免れることはできない。地球という有限な環境下の人間という生物種もまた、このロジスティック曲線を免れることはできない。

14　(2)これは比喩でなく、現実の構造である。

15　一九六〇年代には地球の「人口爆発」が主要な問題であったけれども、前世紀末には反転して、ヨーロッパや日本のような「先進」産業諸国では「少子化」が深刻な問題となった。「南の国々」を含む世界全体は未だに人口爆発

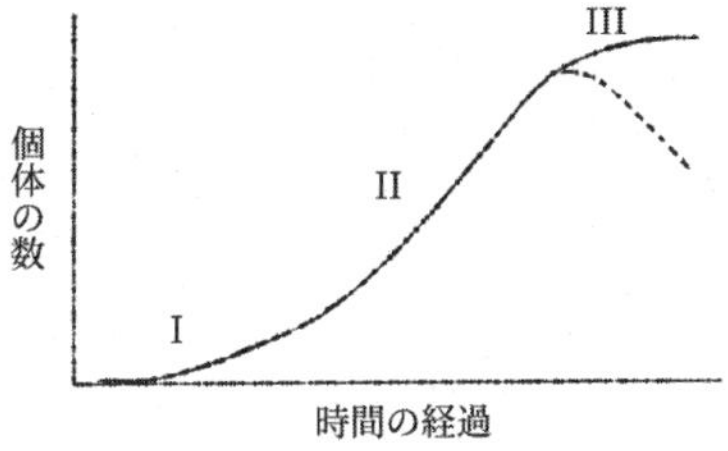

図1　ロジスティック曲線

Ⅰ：大増殖以前期
Ⅱ：大増殖期
Ⅲ：大増殖以後期（安定平衡期）

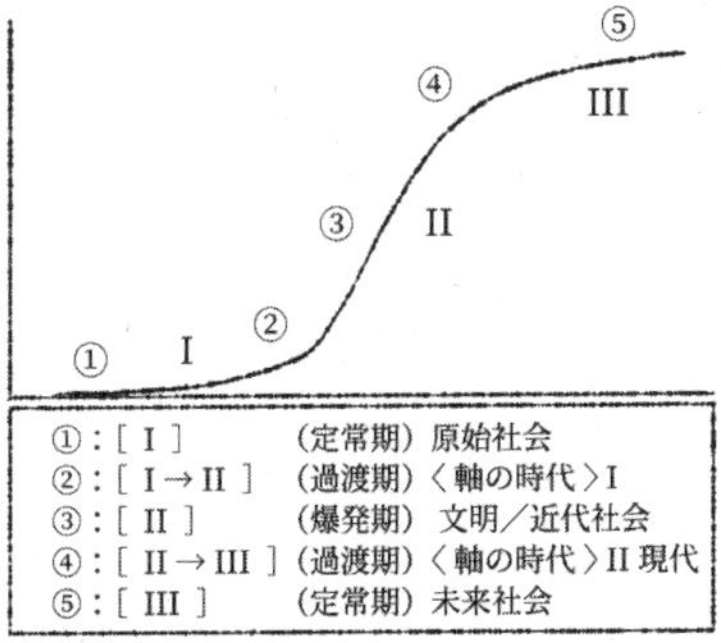

図2　人間の歴史の3つの局面

8

が止まらないというイメージが今日もあるが、実際に世界全体の人口増加率の数字を検証してみるとおどろくことに、一九七〇年を尖鋭な折り返し点として、それ以後は急速にかつ一貫して増殖率が低下している。つまり人類は理論よりも先にすでに現実に、生命曲線の第Ⅱ期から第Ⅲ期への変曲点を、通過しつつある。この時点からふりかえってみると、「近代」という壮大な人類の爆発期はＳ字曲線の第Ⅱ期という、一回限りの過渡的な「大増殖期」であったことがわかる。そして「現代」とはこの「近代」から、未来の安定平衡期に至る変曲ゾーンと見ることができる(図2)。「現代社会」の種々の矛盾に満ちた現象は、「高度成長」をなお追求しつづける慣性の力線と、安定平衡期に軟着陸しようとする力線との、拮抗するダイナミズムの種々層として統一的に把握することができる。

16 われわれの見てきた矛盾、「巨大な転換があった」という事実と、「変化は減速し、小さくなっている」という事実との間の矛盾を、われわれはいまや解くことができる。われわれは変化の急速な「近代」という爆発期を後に、変化の小さい安定平衡期の時代に向かって、巨大な転回の局面を経験しつつある。この転回の経験が、「現代」という時代の本質である。

17 二〇世紀の後半は、「近代」という加速する高度成長期の最終の局面であった。この最終の局面の拍車の実質を支えていたのは、〈情報化／消費化資本主義〉のメカニズムである。〈情報化／消費化資本主義〉のメカニズムの範型は、一九二七年の歴史的な「ＧＭの勝利」であった。それ以前の古典時代の資本主義の、消費市場需要に対応する生産というシステムの王者フォードが、規格化された大量生産を通して低価格化された堅牢な「大衆車」の普及によって、自ら市場を飽和させてしまったことに対して、ＧＭは発想を逆転し「自動車は見かけで売れる」という信条の下、「デザインと広告とクレジット」という情報化の諸技法によって車をファッション商品に変え、買替え需要を開発するという仕方によって市場を「 B 」してしまう。このように〈情報化／消費化資本主義〉とは、情報による消費の自己創出というシステムの発明によって、かつて「資本主義の矛盾」と呼ばれた恐慌の必然性を克服し、社会主義との競合に勝ちぬき、二〇世紀後半三〇年余の未曾有の物質的繁栄を実現したシステムであった。ＧＭはこの繁栄の全期間を通して、この〈情報化／消費化資本主義〉の範型でありつづけてきた。二〇〇八年このＧＭの突然の危機と暗転は、人間の少なくとも物質的な高度成長期の究極のシステムであるこの〈情報化／消費化資本主義〉の限界を露呈することとなった。〈情報化／消費化資本主義〉はなぜ人間の、少なくとも物質的な高度成長期の「究極の形態」といえるのか？　なぜそれは「限界」を露呈するのか？

18 〈情報化／消費化資本主義〉とは「デザインと広告とクレジット」という情報化の力によって消費市場を自ら創り出すシステムであり、このことによって旧来の「資本主義の矛盾」をみごとに克服するシステムであった。
 甲 けれどもこのグローバルなシステムはそれがグローバルであるがゆえに、もういちど「最終的」な有限性を露呈する。

19 球はふしぎな幾何学である。無限であり、有限である。球面はどこまでいっても際限はないが、それでもひとつの「閉域」である。

20 グローバル・システムとは球のシステムということである。どこまで行っても障壁はないが、それでもひとつの閉域である。これもまた比喩でなく現実の論理である。二一世紀の今現実に起きていることの構造である。グローバル・システムとは、無限を追求することをとおして立証してしまった有限性である。それが最終的であるのは、共同体にも国家にも域外はあるが、地球に域外はないからである。

21 二〇〇八年「ＧＭ危機」は、直接にはサブプライム・ローン問題に端を発したグローバル・システムの崩壊の一環として現実化した。サブプライム・ローン問題とは、アメリカの都市の貧しい地域の住宅価格が上昇し続けるはずであるということ、地域の貧しい人びとがその住宅担保ローンの元利を支払い続けることができるはずであるということ、この仮定が確実な「現実」であるという小さな虚構を基底として、証券化に証券化を重ね、国際化に国際化を重ね、全地球的に強固な「現実」であるかのごとき相貌を獲得した巨大な虚構のシステムが、このアメリカの都市の地域の住宅需給の物体的な飽和と、人びとの生計収支の限界的な配分という生々しい現実との矛盾を破綻点として、一挙に崩壊したものである。

22 情報化に情報化を重ねることによって構築される虚構の「無限性」が、現実の「有限性」との接点を破綻点として一気に解体するという構図をここにも見ることができる。

23 二〇〇八年のグローバル・システムの危機を一九二九年の恐慌の反復とみて「百年に一度の危機」を説くのは、二〇世紀型の成長経済がやがて再開して永続するはずであるという思考の慣性を基礎としている。資本主義は自己をコントロールする技術を格段に獲得したから、それは二九年の恐慌ほどには悲惨な光景を生まないだろうが、ほんとうは(3)もっと大きな目盛の歴史の転換の開始を告げる年として、後世は記憶するだろう。

24 種の生命曲線（図1）の第Ⅱ期にある動物種にとって、たとえば森は、「無限」の環境容量として現象し、旺盛な増殖のための「征服」の対象である。種の生命曲線の第Ⅲ期にある動物種にとって、森は「有限」の環境容量として立ち現われ、安定した生を永続するための「共生」の対象として存在する。

25 「近代」という高度成長期の人間にとって自然は、「無限」の環境容量として現象し、開発と発展のための「征服」の対象であった。「近代」の高度成長の成功の後の局面の人間にとって自然は、「有限」の環境容量として立ち現われ、安定した生存の持続のための「共生」の対象である。

26 かつて交易と都市と貨幣のシステムという、「近代」に至る文明の始動期に、この新しい社会のシステムは、人びとの生と思考を、共同体という閉域から解き放ち、世界の「無限性」という真実の前に立たせた。カール・ヤスパースが「軸の時代」と名付けたこの文明の始動期の強大な思想たち、古代ギリシャの哲学とヘブライズムと仏教と中国の諸子百家とは、世界の「無限」という真実への新鮮な畏怖と苦悩と驚きに貫かれながら、新しい時代の思想とシステムを構築してきた。この交易と都市と貨幣のシステムの普遍化である「近代」はその高度成長の極限の形態である〈情報による消費の無限創出〉と世界の一体化自体を通して、球表の新しい閉域性を、人間の生きる世界の有限性を再び露呈してしまう。

27 かつて「文明」の始動の時に世界の「無限」という真実に戦慄した人間は今、この歴史の高度成長の成就の時に、もういちど世界の「有限」という真実の前に戦慄する。

28 宇宙は無限かもしれないけれども、人間が生きることのできる空間も時間も有限である。「軸の時代」の大胆な思考の冒険者たちが、世界の「無限」という真実にたじろぐことなく立ち向かって次の局面の思想とシステムを構築していったことと同じに、今人間はもういちど世界の「有限」という真実にたじろぐことなく立ち向かい、新しい局面を生きる思想とシステムを構築してゆかねばならない。

29 現代というもう一つの歴史の巨大な曲がり角、危機の時代を、もう一つの巨大な思想とシステムの創造の時代、新しい〈　C　〉に転化することをとおして、のりこえてゆかねばならない。

問一 空欄 A に入る語句として最も適切なものを次の中から一つ選び、マークせよ。

イ 心のあり方　**ロ** 沈黙の転回　**ハ** 変化の外形　**ニ** 精神変容の方向性

問二 傍線部(1)「二つの力の方向性(ベクトル)の拮抗するダイナミズム」とあるが、その説明として最も適切なものを次の中から一つ選び、マークせよ。

イ 未来を信じる方向性と未来を信じない方向性のヴィジョンの対立が、時代をこえて存在している。

ロ 世代間で意識が大きくかけ離れていたのが、感覚の差異がなくなるというダイナミックな変化が起こっている。

ハ 歴史はこのまま進化するという感覚と、どこかで方向転換しなければ破滅に至るという感覚が両立している。

ニ 人びとの変化の背後に、このまま成長を持続しようとする力と減速していこうとする力とのせめぎ合いが存在する。

問三 傍線部(2)「これは比喩でなく、現実の構造である」とあるが、「現実の構造」の例として**適切でないもの**を次の中から一つ選び、マークせよ。

イ 人口増加率の低下　**ロ** GM危機

ハ ローマクラブの『成長の限界』　**ニ** 百年に一度の危機

問四 空欄 B に入る語句として最も適切なものを次の中から一つ選び、マークせよ。

イ 閉域化　**ロ** 究極化　**ハ** 無限化　**ニ** 消費化

問五　空欄 甲 には次の四つの文が入る。正しい順序に並べ替えたとき**二番目**に来る文を選び、マークせよ。

イ けれどもこの「無限」に成長する生産＝消費のシステムはその生産の起点においても消費の末端においても、資源の無限の開発＝採取を前提とし環境廃棄物の無限の排出を帰結するシステムである。

ロ 資源を「域外」に調達し廃棄物を海洋や大気圏を含む「域外」に排出することをとおして、環境容量をもういちど無限化することができる。

ハ この資源／環境は現実に有限であるが、この新しい有限性もまたいったんはのりこえられる。

ニ それは消費の無限拡大と生産の無限拡大の空間を開く。

問六　傍線部(3)「もっと大きな目盛の歴史の転換の開始」とあるが、その説明として最も適切なものを次の中から一つ選び、マークせよ。

イ 変化の急速な「近代」という爆発期を後に、変化の小さい安定平衡期の時代に向かい始めた。

ロ 最終的形態であるグローバル・システムが崩壊し、永続するシステムが構築できなくなった。

ハ「軸の時代」を支えた強大な思想たちが限界を露呈し、新たな思想が生まれ始めた。

ニ〈情報化／消費化資本主義〉が終焉を迎え、交易と都市と貨幣のシステムを普遍化できなくなった。

問七　空欄 C に入る語句として最も適切なものを次の中から一つ選び、マークせよ。

イ 閉域性　**ロ** 征服の対象　**ハ** 軸の時代　**ニ** 無限性

問八　本文の趣旨に合致する最も適切なものを次の中から一つ選び、マークせよ。

8

イ 一九七〇年代の青年たちは、親世代のいだく未来像が実現しないのにいらだち、まったく別な未来像を模索したので、世代間の断絶を戦後において最大化させた。

ロ 繁栄の頂点の後、滅亡にいたるおろかな生物種にならぬために、人類に求められるのは環境が有限であることの自覚による文明規模の縮小である。

ハ 規格化された大量生産によって大衆車を普及させたフォード・システムは、「GMの勝利」後は後進国で生き延び、「GM危機」の今また復活している。

ニ 近代の高度成長期において人間に無限と認識され「征服」の対象であった自然は、高度成長期後には有限とみなされ、安定した生のための「共生」の対象となる。

設問	解答欄 イ ロ ハ ニ ホ	配点
問一	○ ○ ○ ○ ○	(4点)
問二	○ ○ ○ ○ ○	(8点)
問三	○ ○ ○ ○ ○	(4点)
問四	○ ○ ○ ○ ○	(4点)
問五	○ ○ ○ ○ ○	(8点)
問六	○ ○ ○ ○ ○	(8点)
問七	○ ○ ○ ○ ○	(4点)
問八	○ ○ ○ ○ ○	(10点)

第9講

問題
Question

『戦争と平和　ある観察』

（中井久夫）

〔出題：中央大〕

解答時間	目標得点	学習日	解答頁
35分	35/50点	／	P.115

◆そして、戦争がはじまる

フランスの人類学者、ロジェ・カイヨワによる『戦争論　われわれの内にひそむ女神ベローナ』は、人間と戦争との絶望的なまでに切り離しがたい結びつきを論じた名著だ（特に第二部は必読）。この本の最後でカイヨワは、残された希望として「教育」を挙げる。「物事をその基本においてとらえること、すなわち、人間の問題として、いいかえれば人間の教育から始めることが必要である」。ここでの「人間の教育」とは、人間が各々その内面に持つ「戦争への傾斜」を自覚すること（「ベローナ」は戦争の女神）だ。いかに人間が戦争へと転落しやすい存在か。稀代《きたい》の精神科医、中井久夫の次の文章も、そのことを教えてくれる。（輿水）

第9講　次の文章を読んで、後の問に答えよ。

1 戦争は有限期間の「過程」である。始まりがあり終わりがある。多くの問題は単純化して勝敗にいかに寄与するかという一点に収斂《しゅうれん》してゆく。戦争は語りやすく、新聞の紙面一つでも作りやすい。戦争の語りは叙事詩的になりうる。

2 指導者の名が(1)ヒンパンに登場し、一般にその発言が強調され、性格と力量が美化される。それは宣伝だけではなく、戦争が始まってしまったからには指導者が優秀であってもらわねば民衆はたまらない。民衆の指導者美化を求める眼差しを指導者は浴びてカリスマ性を帯びる。軍服などの制服は、場の雰囲気と相まって平凡な老人にも一見の崇高さを与える。民衆には自己と指導層との同一視が急速に行なわれる。単純明快な集団的統一感が優勢となり、選択肢のない社会を作る。軍服は、青年にはまた格別のいさぎよさ、ひきしまった感じ、澄んだ眼差しを与える。戦争を繰り返すうちに、人類は戦闘者の服装、挙動、行為などの美学を洗練させてきたのであろう。それは成人だけでなく、特に男子青少年を誘惑することに力を注いできた。中国との戦争が近づくと幼少年向きの雑誌、マンガ、物語がまっさきに軍国化した。

3 一方、戦争における指導層の責任は単純化される。(2)失敗が目にみえるものであっても、思いのほか責任を問われず、むしろ合理化される。その一方で、指導層が要求する苦痛、欠乏、不平等その他は戦時下の民衆が受容し忍耐するべきものとしての倫理性を帯びてくる。それは災害時の行動倫理に似ていて、たしかに心に訴えるものがある。前線の兵士はもちろん、極端には戦死者を引き合いに出して、震災の時にも見られた「生存者罪悪感」という正常心理に訴え、戦争遂行の不首尾はみずからの努力が足りないゆえだと各人に責任を感じるようにさせる。

4 民衆だけではない。兵士が戦列から離れることに非常な罪悪感を覚えさせるには「生存者罪悪感」に訴えるところが実に大きい。親友が、あるいは信頼していた上官が先に逝《い》ったという思いである。「特別攻撃隊員を志願する者は一歩前へ」の号令が背中を押す一因子には、この罪悪感がある。

5 人々は、表面的には道徳的となり、(3)社会は平和時に比べて改善されたかにみえることすらある。かつての平和時の生活が自己中心、弛緩《しかん》、空虚、目的喪失、私利私欲むきだし、犯罪と不道徳の横行する時代として低くみられるようにさえなる。

6 実際には、多くの問題は都合よく棚上げされ、戦後に先送りされるか隠蔽されて、未来は明るい幻想の色を帯びる。兵士という膨大な雇用が生まれて失業問題が解消し、兵器という高価な大量消費物資のために無際限の需要が生まれて経済界が活性化する。

7 もちろん、雇用と好況は問題先送りの結果である。日露戦争は外債《がいさい》で戦い、その支払いのために鉄道、塩、タバコを国の専売として抵当においた。太平洋戦争は、国民の貯蓄を悪性インフレによってチャラにすることで帳尻を合わせたが、それは戦時中には誰にも思い寄らないことであった。戦勝による多額の賠償の幻想が宙を漂っていた。

8 もちろん、戦争はいくら強調してもしたりないほど酸鼻《さんび》なものである。しかし、酸鼻な局面をほんとうに知るのは死者だけである。「死人に口なし」という単純な事実ほど戦争を可能にしているものはない。戦争そのものは死そのものほど語りえないものかもしれない。それに、「総力戦」下にあっても、酸鼻な局面がすべてに広がり万人の眼にさらされるのはほんとうの敗戦直前である。戦時下にも、戦闘地域以外には「(4)ユウヨとしての平和」がある。実際、B29の爆撃が始まる一九四四年までの内地は欠乏と不自由が徐々に募っていっただけであった。一九四五年春にも、桜の花を飾り、菊水の幟《のぼり》を翻して(5)カンコの声の中を特殊潜航艇「回天」を搭載した潜水艦が出撃して行った。修羅場が待っているのは見送る側ではむろんなかった。

9 戦争中および占領期間にも「食糧難を経験していません」という人が農家以外にもいる。軍人でも少佐か中佐以上は特攻隊員を志願させ壇上で激励する側にまわるものらしい（例外はむろんある）。戦時中の社会は、軍官民を問わず、ずいぶん差異が大きい社会であった。裏面では、徴兵回避の術策がうごめき、暴力が公認され、暴利が横行し、放埒《ほうらつ》な不道徳が黙認され、※1黒社会も公的な任務を帯び、大小の被害は黙殺される。

10 おそらく、戦争とはエントロピー（無秩序性）の高い状態であって、これがもっとも一般論的な戦争と平和の非対称性なのであろう。その証拠に、一般に戦争には自己収束性がない。戦争は自分の後始末ができないのである。いや、むしろ、文化人類学で報告されている※2ポトラッチのごとく、喜々として有形無形の貴重な財を火中に投じるのである。

11 戦争が「過程」であるのに対して、平和は無際限に続く(6)ウイ転変の「状態」である。だから、非常にわかりにくく、目にみえにくく、心に訴える力が弱い。

12 戦争が大幅にエントロピーの増大を許すのに対して、平和は絶えずエネルギーを費やして負のエントロピー（ネゲントロピー）を注入して秩序を立て直しつづけなければならない。一般にエントロピーの低い状態、たとえば生体の秩序性はそのようにして維持されるのである。エントロピーの増大は死に至る過程である。秩序を維持するほうが格段に難しいのは、部屋を散らかすのと片づけるのとの違いである。戦争では散らかす「過程」が優勢である。戦争は男性の中の散らかす「子ども性」が水を得た魚のようになる。

13　ここで、エントロピーの低い状態を「秩序」と言ったが、硬直的な格子のような秩序ではない。それなら全体主義国家で、これはしなやかでゆらぎのある秩序（生命がその代表である）よりも実はエントロピーが高いはずである。快適さをめざして整えられた部屋と強迫的に整理された部屋の違いといおうか。全体主義的な秩序は、硬直的であって、自己維持性が弱く、しばしばそれ自体が戦争準備状態である。さもなくば裏にほしいままの腐敗が生まれている。

14　部屋を整理するためには、片づけられたものを始末しなければならない。現在の問題でいえば整然とした都市とその大量の廃棄物との関係である。かつての帝国主義の植民地、社会主義国の収容所列島、スラム、多くの差別などなどが、(7)そのしわよせの場だったかもしれない。それでも足りなければ、戦争がかっこうの排泄《はいせつ》場となる。マキャベリは「国家には時々排泄しなければならないものが溜《た》まる」といった。しばしば国家は内部の葛藤や矛盾や対立の排泄のために戦争を行なってきた。

15　これに対して平和維持の努力は何よりもまず、しなやかでゆらぎのある秩序を維持しつづける努力である。しかし、この〝免震構造〟の構築と維持のために刻々要する膨大なエネルギーは一般の目に映らない。平和が珠玉のごとくみえるのは戦時中および終戦後しばらくであり、平和が続くにつれて「すべて世はこともなし」「面白いことないなぁ」と当然視され「平和ボケ」と蔑視される。

16　すなわち、平和が続くにつれて家庭も社会も世間も国家も、全体の様相は複雑化、不明瞭化し、見渡しが利かなくなる。平和の時代は戦争に比べて大事件に乏しい。人生に個人の生命を越えた（みせかけの）意義づけをせず、「生き甲斐」を与えない。これらが「退屈」感を生む。平和は「状態」であるから起承転結がないようにみえる。平和は、人に社会の中に(8)マイボツした平凡な一生を送らせる。人を引きつけるナラティヴ（物語）にならない。「戦記」は多いが「平和物語」はない。世界に稀《まれ》な長期の平和である江戸時代二五〇年に「崇高な犠牲的行為」の出番は乏しく、一七〇二年に赤穂浪士の起こした事件が繰り返し語り継がれていった。後は佐倉宗五郎、八百屋お七か。現在でも小康状態の時は犯罪記事が一面を飾る。

17 平和運動においても語り継がれる大部分は実は「戦争体験」である。これは陰画《ネガ》としての平和である。体験者を越えて語り継ぐことのできる戦争体験もあるが、語り継げないものもある。戦争体験は繰り返し語られるうちに陳腐化を避けようとして一方では「忠臣蔵」の美学に近づき、一方ではダンテの『神曲・地獄編』の酸鼻に近づく。戦争を知らない人が耳を傾けるためには単純化と極端化と物語化は避けがたい。そして真剣な平和希求は、すでに西ドイツの若者の冷戦下のスローガンのように、消極的な"Ohne mich"（自分抜きでやってくれ）にとって変わってゆきがちである。[9]「反戦」はただちに平和の構築にならない。

18 さらに、平和においては、戦争とは逆に、多くの問題が棚卸しされ、あげつらわれる。戦争においては隠蔽されるか大目に見られる多くの不正が明るみに出る。実情に反して、社会の堕落は戦時ではなく平和時のほうが意識される。社会の要求水準が高くなる。そこに人性としての疑いとやっかみが交じる。

19 人間は現在の傾向がいつまでも続くような「外挿法思考」に慣れているので、未来は今よりも冴《さ》えないものにみえ、暗くさえ感じられ、社会全体が慢性の欲求不満状態に陥りやすい。社会の統一性は、平和な時代には見失われがちであり、空疎な言説のうちに消えがちである。経済循環の結果として、周期的に失業と不況とにおびえるようになる。被害感は強くなり、自分だけが疎外されているような感覚が生まれ、責任者を見つけようとする動きが煽《あお》られる。

20 平和時の指導層は責任のみ重く、疎外され、戦時の隠れた不正に比べれば些細《ささい》な非をあげつらわれる。指導者と民衆との同一視は普通行なわれず、指導者は嘲笑の的にされがちで、社会の集団的結合力が乏しくなる。指導者の平和維持の努力が評価されるのは半世紀から一世紀後である。すなわち、棺《かん》を覆うてなお定まらない。浅薄な眼には若者に限らず戦争はカッコよく平和はダサイと見えるようになる。

21　時とともに若い時にも戦争の過酷さを経験していない人が指導層を占めるようになる。長期的には指導層の戦争への心理的抵抗が低下する。その彼らは戦争を発動する権限だけは手にしているが、戦争とはどういうものか、そうして、どのようにして終結させるか、その得失は何であるかは考える能力も経験もなく、この欠落を自覚さえしなくなる。

22　戦争に対する民衆の心理的バリヤーもまた低下する。国家社会の永続と安全に関係しない末梢的な摩擦に際しても容易に煽《せん》動されるようになる。たとえば国境線についての些細な対立がいかに重大な不正、侮辱、軽視とされ、「ばかにするな」「なめるな」の大合唱となってきたことか。歴史上その例に事欠かない。

23　そして、ある日、人は戦争に直面する。

24　第一次世界大戦開始の際のドイツ宰相ベートマン＝ホルヴェークは前任者に「どうしてこういうことになったんだ」と問われて、「それがわかったらねぇ」と嘆息したという。太平洋戦争の開戦直前、指導層は「ジリ貧よりもドカ貧を選ぶ」といって、そのとおりになった。必要十分の根拠を以て開戦することは、一九三九年、ソ連に事実上の併合を迫られたフィンランドの他、なかなか思いつかない。

（中井久夫『戦争と平和　ある観察』による）

（注）　※１　黒社会…犯罪行為をする人々の社会。

※2　ポトラッチ：北アメリカの先住民が自らの社会的威信を高めるために客を招き、贈与・消費する宴を催す習俗。

問一　傍線⑴⑷⑸⑹⑻のカタカナを漢字に改めなさい。（楷書で正確に書くこと）

問二　傍線⑵「失敗が目にみえるものであっても、思いのほか責任を問われず、むしろ合理化される」とあるが、その理由としてもっとも適当なものを左の中から選び、符号で答えなさい。

Ⓐ戦争では指導者を美化する宣伝が民衆の中にゆきわたっているため、指導者が失敗したとしても、宣伝の効果で民衆には失敗が目に入らないように隠されているから。

Ⓑ宣伝のために、民衆は知らないうちに指導者と自分を同一視するようになり、指導者の行為と自分の行為を区別することができなくなり、客観的批判ができないから。

Ⓒ青年層などに向けられた軍国主義教育が進むことによって、指導者の失敗を批判することが、ほとんどの民衆の間でも許しがたいこととみなされるようになっているから。

Ⓓ民衆の間に、戦争に勝利するためには優秀な指導者がいてほしいという願望が生まれ、指導者賛美の宣伝にも踊らされ、指導者の本当の姿がみえなくなってしまうから。

Ⓔ宣伝で指導者の能力が並外れたものと強調されることにより、指導者が自分たちとはかけ離れた異質で優秀な人間であると民衆が思い込まされるようになるから。

問三　傍線⑶「社会は平和時に比べて改善されたかにみえることすらある」とあるが、そのようにみえる理由としてもっとも適当なものを左の中から選び、符号で答えなさい。

Ⓐ社会の裏にはびこる不公平や不正が容認されていて、平和な時には問題となる諸課題が無視されているので、いかにも社会がうまく運営されているようにみえるため。

Ⓑ社会が戦争勝利を唯一の目標としているので、それ以外の問題はすべて度外視され、戦争が勝利に向かってい

る限り、社会がよい方向に向かっているようにみえるため。

Ⓒ戦争遂行に役立つかどうかという価値観しかない戦時では、人々はその目的に合う行為のみをしている振りをして、それ以外の問題が存在しないかのようにみえるため。

Ⓓ特攻隊のように自己を犠牲とすることが美徳と考えられるようになるので、個人の利益が社会の利益と一致していることが当たり前であるようにみえるため。

Ⓔ平和な時代の社会を低くみることが当然視されることで、平和な時代では解決がむずかしいとされていた課題が、すべて解決されてしまったようにみえるため。

問四 傍線(7)「そのしわよせの場だったかもしれない」とあるが、「しわよせの場」の意味するものとしてもっとも適当なものを左の中から選び、符号で答えなさい。

Ⓐ秩序の硬直性を変換するために、裏にある負のエントロピーを排泄する場。

Ⓑ秩序のもつエントロピーと負のエントロピーを同時に排除してしまう場。

Ⓒエントロピーの高い状態を維持するため、ネゲントロピーを整理する場。

Ⓓエントロピーの増大を阻止するために、秩序の自己維持性を強化する場。

Ⓔ現存する様々な秩序を維持するために、高いエントロピーを放出する場。

問五 傍線(9)「『反戦』はただちに平和の構築にならない」とあるが、その理由としてもっとも適当なものを左の中から選び、符号で答えなさい。

Ⓐ反戦の運動は、人々に聞いてもらうために戦争の悲惨さを宣伝することを中心にして、繰り返し宣伝することによってやがて人々に飽きられてしまうから。

Ⓑ反戦の運動は、往々にして情緒的、主観的な運動になりがちであり、平和の前提となる社会秩序を維持するという努力につながらないから。

Ⓒ反戦の運動は戦争体験を語り継ぐことに重点を置いているために、平和は本来どうあるべきなのかを深く考える努力がしばしば忘れられてしまうから。

Ⓓ反戦の運動は人に戦争の過酷さを伝えるために、戦争の実像を単純化したり、極端化したり、物語にしたりしてしまうので、戦争の実像がゆがめられてしまうから。

Ⓔ反戦の運動は、自分たちさえ戦争に巻き込まれなければよい、という利己的な運動になりがちで、すべての戦争に反対し平和を目指すという原理的立場を取れないから。

問六　本文の趣旨に従い、「エントロピー」という語句を用いて、平和の継続より戦争が選択される理由を五十字以内で説明しなさい。（句読点は一字と数える）

問七　次の文㋐〜㋔のうち、本文の趣旨と合致しているものに対してはA、合致していないものに対してはBの符号で答えなさい。

㋐兵士は、自分のまわりに戦死者が増えていくことで、自分だけが生き残るのは悪いことだ、という精神状態になり、戦うことが戦死者の命令だと思ってしまう。

㋑戦争の過酷さを知っているのは、戦場を体験した人間たち以外にはいないので、体験者の過酷な戦争体験を聞き、語り継ぐことが、戦争の実態を理解する近道である。

㋒平和な時代には、人々は今の状態が長く続くように思う思考法になりやすいので、未来に希望を持てず、自分を被害者と思いこんで、責任者探しをしがちになる。

9

㋓ 戦争によって、一見失業問題が解消し不況が克服されたようにみえるが、それは見かけだけのものであり、無理な経済政策の失敗は、戦争の終結を早めることになる。

㋔ 平和が続く時代には、戦時に比べて劇的な事件が少なく、退屈な日常が続くだけと思われ、面白みがないため、平和の貴重さは評価されにくい。

【解答欄】

問一（各2点）
(1)
(5)
(8)
(4)
(6)

問二（5点）

問三（5点）

問四（5点）

問五（6点）

問六（9点）

問七（各2点）
㋐
㋑
㋒
㋓
㋔

第10講

問題

Question

『出征』

（大岡昇平）

〔出題：立教大（改題）〕

解答時間
30分
目標得点
35 / 50点
学習日
／
解答頁
P.129

◆体験を言葉にすること

想像してみてほしい。仮に君が兵士として戦争に行くことになり、様々な辛い体験を経て帰還したのち、この体験を誰かに伝えなければ、と思ったとする。二度とこのような馬鹿げたことが起きないように、なるべくリアルに、正確に。その時に君は自分の体験を、それを味わっていない他者に言葉で伝える自信があるだろうか。僕は、正直に言って自信がない。体験を言葉に変換して他者に伝えるということは誰もが日常的に行っていることではあるが、それを「正確に」行うことはひどく難しい。そう考えると、大岡昇平のような類まれな文才を持った人物による戦争の記録が存在することはほとんど奇跡のように思えてくる。（輿水）

第10講　次の文章を読んで、後の問に答えよ。

船は兵を積み終るとすぐ岸壁を離れたが、なかなか出港しなかった。七月一日に出るという者がいるが、あまりあてにならない。一坪十五人の「お蚕棚《かいこだな》」※1はひどく暑いので、我々は終日甲板《かんぱん》へ出て港を眺めて暮した。見渡す門司《もじ》※2の海に迫った丘の中腹の道を、湧くように兵隊が駈けて来るのが見える。恐らく我々の船団の一つに乗りに来る兵であろうが、私はその(a)矮小な体軀《たいく》に驚いた。我々も中年の弱兵であるが、見てくれはもう少しいいつもりである。そういうずんぐりした兵隊は、同じ船にも沢山いた。これも私にとっては祖国の敗兆の一つであった。

私の好んで坐りに行ったのは、(b)舳先であった。そこは甲板が次第に反《そ》って高くなり、欄《てすり》に上ると、眼くるめく下に青々と水がたたえているさまが、特に好きであった。玩具のような関門連絡船※3が、下の方を通って行く。夜、それは赤や青の灯をともして、仕掛花火のように綺麗《きれい》であった。

しかしこうして無為に眺め暮しているうちに、(1)私はだんだん自分の惨めさが肝にこたえて来た。船は明日にも解纜《かいらん》※4するかも知れない。死は既に目前に迫っている。この死は既に私の甘受することにきめていた死ではあるが、いかにも無意味である。

私はこの負け戦が貧しい日本の資本家の自暴自棄と、旧弊な軍人の虚栄心から始められたと思っていた。そのために私が犠牲になるのは馬鹿げていたが、非力な私が彼等を止めるため何もすることが出来なかった以上止むを得ない。当時私の自棄《やけ》っぱちの気持では、敗れた祖国はどうせ生き永らえるに値しないのであった。

しかし今こうしてその無意味な死が目前に迫った時、私は初めて自分が殺されるということを実感した。そして同じ死ぬならば果して私は自分の生命を自分を殺す者、つまり資本家と軍人に反抗することに賭けることは出来なかったか、と反省した。

平凡な俸給《ほうきゅう》※5生活者は所謂《いわゆる》反戦運動と縁はなかったし、昭和初期の転向※6時代に大人となった私は、権力がいかに強いものであるか、どんなに強い思想家も動揺させずにはおかないものであるかを知っていた。そして私は自分の中に少しも反抗の欲望を感じなかった。

反抗はしかし半年前、神戸で最初に召集※7を覚悟した時、私の脳裡《のうり》をかすめた。かすめたのはたしかにそれが一個の可能性にすぎなかったからであるが、その時それが正に可能性に終った理由を検討して、私は次のことを発見した。即ちその時軍に抗うことは確実に殺されるのに反し、じっとしていれば、必ずしも召集されるとは限らない、召集されても前線※8に送られるとは限らない、送られても死ぬとは限らないということである。

確実な死に向って歩み寄る必然性は当時私の生活のどこにもなかった。しかし今殺される寸前の私にはそれがある。

すべてこういう考えは、その時輸送船上の死の恐怖から発した空想であった。空想は(あ)たわいもないものであるが、(2)その論理に誤りがあるとは思われない。

しかし同時に今はもう遅い、とも感じた。民間で権力に抗うのが民衆が欺《だま》されている以上無意味であるのにもまして、軍隊内で軍に反抗するのは、軍が思うままに反抗者を処理することが出来る以上、無意味であった。私はやはり「死ぬとは限らない」という一縷《いちる》の望みにすべてを賭けるほかはないのを納得しなければならなかった。

(3)私はいかにも自分が愚劣であることを痛感したが、これが理想を持たない私の生活の必然の結果であった以上、止むを得なかった。現在とても私が理想を持っていないのは同じである。ただこの愚劣は一個の生涯の中で繰り返され得ない、それは屈辱であると私は思う。

　その時の私には死と戯れるほかすることがなかった。そして死の関心は自然に私を自分の生涯に関する反省に導いた。私は広い欄の上に身を横たえ、水を眺めながら、生涯を顧みた。回想は専ら私の個人的幸不幸に関するものであった。

　楽しかった瞬間、不幸であった瞬間を、注意の及ぶかぎり思い出し、その時私が(い)果して何者であったかを反省した。反省は多く後悔を伴わずにはいなかったが、死を前にして後悔すら楽しかった。

　私は何故か死ぬ前に、つまり船の出る前に、私の全生涯の検討を終えなければならないと感じた。

　今日はここまで明日はあそこまでと予定を立てて回想したと記憶する。全生涯を遍歴するのにたしか三日かかったと記憶する。この作業は後《のち》※9比島の(イ)チュウトン生活中も繰り返された。がそれは検討の興味よりも、回想する快感によったと思われる。

　私は自分の過去の真実と思っていたものに幾多の錯誤を発見した。例えば私が得ることが出来なかったために、愛していると思っていた女について思い出は少なく、愛していなかったために、得ることが出来た女のことが詳細に思い出された。感覚の裏打のない記憶が早く薄れるためかも知れない。

　しかし最も幸福な瞬間が何の思い出も残さないことは、※10スタンダールが注意している。思い出によって構成された過去は、必ずしも真実を尽していないかも知れない。

　妻と私の間にもこうした記憶に残らない時間があったかも知れない。もし妻と品川で別れる時、私に言葉がなかったのが、そういう原理によるのならば倖《しあわ》せである。

　私は水を見詰めた。そこには私がこれまでただの戯れの恋と思っていた女の映像が浮んだ。その時彼女が現われたのは、多分私が彼女と海で泳いだことがあったからであろう。女は男に媚《こ》びることを知っていた。(ロ)ハデな海水着を着た彼女は浪に身を(ハ)ヒルガエして笑った。

私の観照は次第に白昼夢の色を帯びて来た。水の上を上の女の子が匐《は》って来た。子供は轎車《きょうしゃ》※11に乗った動物の玩具のように、両手を前に突いたままの姿勢で進んで来た。船尾から眼の下を通り、私の眼の移るに従って舳先へ消えた。子供はもう匐う年頃ではなかったから、これは私の観照の舞台が水という平面であった結果であろう。

子供は私の欲するままに再び船尾の水面に現われ、懸命に前を向いて進んで来た。その幻像の上に、私が何故品川で妻が与えた千人針※12を投げる気になったか不明である。

いずれこれは私の好まぬ迷信的持物であったが、何か記憶に残らない発作にあったのであろう。強いていえば私は前線で一人死ぬのに、私の愛する者の影響を蒙《こうむ》りたくなかったといえようか。国家がその暴力の手先に男子のみを必要とする以上、これは純然たる私一個の問題であって、家族のあずかり知るところではない。

私はそれを雑嚢《ざつのう》※13から取り出すと、何となく拡げて海に抛《なげう》った。夕方はまだ明るかった。布はあるとも見えない風にあおられ、船腹に沿って船尾の方へ飛んで行った。

ざわめきが目白押しに欄に並んだ兵の間に起った。「ああ、ああ」と叫びに交って「千人針やないか」という声が聞えた。私は自分の純然たる個人的行為が、こんなに大勢に注意を惹いてしまったのに少し慌てた。

千人針は水に落ちてもなかなか沈まず、暮れかかる水面に白く浮んで、さらに船尾の方へ流れて行った。みな私を見ているような気がした。近くの二、三人の兵士の顔は(c)怪訝と共に非難を表わしていた。

「わざと棄てよったんや」と一人がいった。

私の顔は多分笑っていたろうと思う。私は欄を降り素速くその場を離れた。

「あの兵隊です」という声を背に聞いた。

兵が※14下《か》士《し》官《かん》にいうような調子であった。私はまた慌てた。そこらにいた兵は私の隊の者ではなかったが、下士官の気紛れから、「銃後※15の真心の結晶を何故棄てた」などと平手打を喰ってはつまらない。

足を早めて舳先を廻り、反対側の甲板へ出ると、(う)あたかも空いていた便所へ入った。便所は粗末な木で造られ、海へ突き出ていた。臭気の中で蹲《かが》みながら、(4)私の口は依然笑いに歪んでいたが、突然眼が熱くなった。

（大岡昇平「出征」による）

（注）※1 お蚕棚…蚕を飼う棚。ここでは、狭い場所に多くの兵士を詰め込めるように、何段かに重ねられた寝床のこと。

※2 門司…現在は北九州の一地区。関門海峡に面する九州第一の貿易港として栄えた。

※3 関門連絡船…下関と門司とを結ぶ連絡船。

※4 解纜…船が出帆すること。

※5 俸給生活者…俸給（給料）によって生計を立てる人。サラリーマン。

※6 転向時代…共産主義者、社会主義者が権力の弾圧で自らの思想を放棄させられた時代。

※7 召集…戦時に際し、兵役にあるものを軍隊に編入するために召し集めること。

※8 前線…戦場で、敵と直接接触する最前列。

※9 比島…フィリピン諸島。

※10 スタンダール…Stendhal（一七八三〜一八四二）。フランスの小説家・批評家。心理分析、性格描写にすぐれた。作品に『赤と黒』『パルムの僧院』などがある。本文の作者、大岡昇平が敬愛していた作家である。

※11 轎車…四輪の西洋式箱馬車。

※12 千人針…一枚の布に千人の女性が赤糸で一針ずつ刺して縫い玉をつくり、武運長久を祈って出征兵士に贈った。腹巻きなどにして弾丸よけのお守りとした。

※13 雑嚢…肩からかける布製のかばん。
※14 下士官…軍人の階級の一。士官と兵との間に位置する下級幹部。
※15 銃後…直接、戦闘にかかわらない場所。または戦場の背後にいる人々。

問一　二重傍線部(イ)～(ハ)を漢字に改めよ。（ただし、楷書《かいしょ》で記すこと）

問二　傍線部(a)～(c)の読みを、平仮名・現代仮名遣いで記せ。

問三　波線部(あ)～(う)について。本文中での意味として最も適当なもの一つを、左記各項の中から選び、それぞれ番号で答えよ。

(あ)　たわいもない

①あどけない　②とりとめのない　③配慮の足りない　④どこにでもある　⑤不自然な

(い)　果して

①いったい　②本当に　③案の定　④恐らく　⑤ところで

(う)　あたかも

①ずっと　②いかにも　③まるで　④ちょうど　⑤すっかり

問四　傍線部(1)について。「私」はどのようなことに対して「惨めさ」を感じているのか。その説明として最も適当なものの一つを、左記各項の中から選び、番号で答えよ。

①自分の生命を脅かすものへの抵抗すらできないまま無意味な死を目前にしていること
②資本家の自暴自棄や軍人の虚栄心の犠牲になることに馬鹿らしさを感じていること
③無意味な死が目前に迫ってくるそのときまで自分が殺されるという実感がなかったこと
④どんなに強い思想家も動揺させずにはおかない権力の恐ろしさを思い知らされたこと
⑤すでに死を甘受していた自分のなかに生きることへの執着がいまだ残っていたこと

問五　傍線部(2)について。「その論理」とはどのような論理か。「軍」・「召集」という語句を必ず用いて、七〇字以内で説明せよ。

問六　傍線部(3)について。「私」はなぜ「自分が愚劣である」と感じるのか。その説明として最も適当なもの一つを、左記各項の中から選び、番号で答えよ。

① 反抗者を思うがままに処理できる軍隊の内側で反抗するのは無意味なことだと諦め、いっさいの反省もせずに死の観念と戯れているから。
② 自分もまた権力に欺された民衆のひとりであるにもかかわらず、他の兵士にはない想像力を駆使することができると自負しているから。
③ 権力が自分を殺そうとしていることを知りながら、権力に服従することが自分を生き延びさせる唯一の方法だと考えているから。
④ 理想を持たない人間であるにもかかわらず、いざ自分が死に直面したときには「死ぬとは限らない」という期待を持っているから。
⑤ 確実な死に向って歩み寄ることを強要されているにもかかわらず、自分自身がその責任を負おうとして後悔や反省を重ねているから。

問七　傍線部(4)について。このときの「私」の心情を説明したものとして最も適当なもの一つを、左記各項の中から選び、番号で答えよ。

① 慌てふためく兵士たちを嘲笑ってやろうという意地悪な気持ちと、つい理性を忘れて子どもじみた行為をしてしまった自分に対するいいようのない嫌悪感。

10

②「銃後の真心」という幻想をやっと打ち破ることができたという達成感と、もうこれで自分には権力に抵抗する術がなくなってしまったという焦燥感。

③これで生への執着をすべて断ち切ることができたという安堵感と、騒ぎが大きくなれば下士官から暴力をふるわれることになるのではないかという恐怖感。

④稚拙なやり方によってしか家族への思いを断つことができなかったという自分自身に対する憐憫と、もうそこに戻ることはできないのだという喪失感。

⑤迷信に頼らない自分なら最後まで物事を論理的に考えていけるはずだという自信と、理性のために家族への思いを犠牲にしたのではないかという罪悪感。

問八　「私」は妻からもらった「千人針」を棄てたことに対してさまざまな思索を巡らせているが、最終的にはどのような結論に至っているか。最も適当な一続きの部分を句読点とも三十字以内で抜き出し、最初と最後の五字をそれぞれ記せ。

問九　左記各項のうち、本文の内容と合致するものを1、合致しないものを2として、それぞれ番号で答えよ。

㋑幸福な瞬間は何の思い出も残さないがゆえに、記憶のなかには幾多の錯誤が含まれることになる。

㋺私は日本が戦争に負けると思っていたし、敗れた祖国で生きながらえる意味もないと感じていた。

㋩他の兵士たちにとって、家族からもらった千人針を海に流すというのは考えられない出来事だった。

㊁私は、船が港を離れる前に自分の全生涯の検討を終えなければ死ぬ覚悟ができないと思っていた。

㋭妻や子との生活よりも、これまでただの戯れの恋だと思っていた女の記憶にこそ真実がある。

【解答欄】

問一（各1点）
(イ)
(ロ)
(ハ)

問二（各1点）
(a)
(b)
(c)

問三（各1点）
(あ)
(い)
(う)

問四（4点）

問五（10点）

問六（4点）

問七（4点）

問八（4点）

問九（各3点）
㋑
㋺
㋩
㋥
㋭

現代文の読解力を伸ばすための おすゝめ本一覧

【評論・その他】

①『**哲学の冒険** 生きることの意味を探して』内山節
★思慮深く美しく正しく生きるために。十五歳の少年が始める哲学の冒険。

②『自分を知るための **哲学入門**』竹田青嗣
★高校生の時にこの本を読み、私（輿水）は初めて哲学の面白さを知った。

③『**西欧近代を問い直す** 人間は進歩してきたのか』佐伯啓思
★入試現代文頻出の「西欧近代」の本質を平易な言葉で語り尽くす講義録。

④『**ヨーロッパ思想入門**』岩田靖夫
★良書揃いの「岩波ジュニア新書」の中でも傑出。じっくり読み進めよう。

⑤『**まなざしの地獄** 尽きなく生きることの社会学』見田宗介
★十九歳の少年が起こした連続射殺事件を当代随一の社会学者が分析する。

⑥『**寝ながら学べる構造主義**』内田樹
★現代文が苦手な子からも絶賛される暴力的なまでに面白い構造主義入門。

⑦『**生物と無生物のあいだ**』福岡伸一
★生命の謎に迫る研究者達の物語。サイエンス・ノンフィクションの傑作。

⑧『**ものぐさ精神分析**』岸田秀
★「岸田理論」で一世を風靡した心理学者の代表作。世界の見方が変わる。

⑨『**暇と退屈の倫理学**』國分功一郎
★「考えること」の楽しさを思い出させてくれる一冊。読了は思考の起点。

⑩『**記号論への招待**』池上嘉彦
★言葉に代表される「記号」の特質がよくわかる知的興奮に満ちた入門書。

⑪『**文化人類学への招待**』山口昌男
★一般市民向けの講座をまとめた講演録。文化人類学の魅力がよくわかる。

⑫『**言語学の教室** 哲学者と学ぶ認知言語学』西村義樹・野矢茂樹
★「彼女に振られました」は○で、「財布に落ちられました」は×。なぜ？

⑬『**日本人のための憲法原論**』小室直樹
★憲法・民主主義・キリスト教……。縦横無尽に「生きた知識」を示す本。

【小説・その他】

①『**野火**』大岡昇平
★飢餓と病魔と悪魔の囁き。戦争から生還した男の右手を左手が制止する。

②『**ひかりごけ**』武田泰淳
★極限状態における人肉食を他者が裁けるのか。ラストシーンは鳥肌もの。

③『**さようなら、ギャングたち**』高橋源一郎
★詩を小説にしたような、小説を詩にしたような。ぶっ飛んだデビュー作。

④『**彼岸先生**』島田雅彦
★夏目漱石『こころ』の「先生」を現代のドン・ファンに置き換えた名作。

⑤『**海辺のカフカ**』村上春樹
★「世界で一番タフな15歳の少年」の物語。世界中の十代に愛される作品。

⑥『**本当の戦争の話をしよう**』ティム・オブライエン
★「本当の戦争の話というのは戦争についての話ではない」。戦争小説の傑作。

⑦『**自由の牢獄**』ミヒャエル・エンデ
★児童文学の大家エンデによる面白くて深くて考えさせられる傑作短編集。

⑧『**わたしを離さないで**』カズオ・イシグロ
★優れた虚構は現実を照らす。読了後、題名に込められた意味に戦慄する。